U0955616

21世纪普通高等教育人才培养规划教材
21 SHIJI PUTONG GAODENG JIAOYU RENCAI PEIYANG GUIHUA JIAOCAI

税法习题集

王 滨 李文霞 梅龙姬 ◎ 编著

西南财经大学出版社
Southwestern University of Finance & Economics Press

图书在版编目(CIP)数据

税法习题集/王滨等编著.—成都:西南财经大学出版社,2014.8
(2015.12重印)
ISBN 978-7-5504-1540-9

Ⅰ.①税… Ⅱ.①王… Ⅲ.①税法—中国—高等学校—习题集
Ⅳ.①D922.22-44

中国版本图书馆CIP数据核字(2014)第178679号

税法习题集

王 滨 李文霞 梅龙姬 编著

责任编辑:李特军
助理编辑:李晓嵩
封面设计:何东琳设计工作室
责任印制:封俊川

出版发行	西南财经大学出版社(四川省成都市光华村街55号)
网 址	http://www.bookcj.com
电子邮件	bookcj@foxmail.com
邮政编码	610074
电 话	028-87353785 87352368
照 排	四川胜翔数码印务设计有限公司
印 刷	郫县犀浦印刷厂
成品尺寸	185mm×260mm
印 张	9
字 数	200千字
版 次	2014年8月第1版
印 次	2015年12月第2次印刷
印 数	2001—4000册
书 号	ISBN 978-7-5504-1540-9
定 价	18.00元

前言

税法的正确贯彻与实施，对于保障国家财政收入、维护纳税人的合法权益以及促进市场经济的良性运行与发展等方面具有积极的现实意义。《税法》一书阐述了税法的基本概念、基本原理、应纳税额的计算以及税收征管，全面、系统、详细地介绍了我国现行税收法律制度的各项规定。为全面理解和掌握相关税法知识，特编撰了《税法习题集》。

《税法习题集》既可以作为《税法》的配套用书，又可以作为高等院校会计类专业和其他经管类专业本、专科开设税法课程的配套练习用书，同时还可以作为财税人员的重要学习资料。

《税法习题集》主要内容包括税法概论习题，增值税法习题，消费税法习题，营业税法习题，关税法习题，企业所得税法习题，个人所得税法习题，资源税法习题，财产、行为等其他税法习题，税收征收管理法习题共十个章节的习题。其中，增值税法习题和消费税法习题两章新增营业税改征增值税内容有针对性地帮助读者学习、理解、掌握最新的税法政策和具体应用。《税法》和《税法习题集》包含最新的营业税改征增值税的知识要点，相关法律法规截至2013年12月31日。由于营业税改征增值税还在其他营业税征税范围内继续“扩围”，因此实际运用时以新法律规定为准。

《税法习题集》编写时尽量本着全面梳理、深入浅出、新颖实用、通俗易懂、精心打造的原则，习题难度适中，除了考察相关税收原理外，比较侧重于考核理论和实际的结合，注重各个税种的计算。《税法习题集》针对各章重要知识点予以考核并给出答案和答案解析，以便读者能在较短时间里迅速了解税法的相关知识并加以运用。

《税法习题集》由武昌工学院王滨拟定编写大纲，并对全书进行统稿，其他各位编者积极参与并完成各项工作。具体编写分工如下：武昌工学院王滨编写第二、第三、第四、第五、第九章，武昌理工学院李文霞编写第六、第七、第八章，湖北财税职业学院梅龙姬编写第一、第十章。

限于作者水平和税收政策的时效性，我们热忱欢迎广大读者对于本书的不足之处给予批评指正，敬请各位读者不吝赐教。

编者

2014年7月

目 录

参考答案

第一章 税法概论习题

一、单项选择题

1. 税收是政府为了满足社会公共需要，凭借政治权力，强制、无偿地取得（　　）的一种形式。

A. 营业收入　　B. 销售收入
C. 捐赠收入　　D. 财政收入

2. 税收是国家取得财政收入的一种重要工具，其本质是一种（　　）。

A. 债务关系　　B. 投资关系
C. 分配关系　　D. 因果关系

3. 下列有关税法概念及特点的说法，正确的是（　　）。

A. 从广义上讲，税法是由全国人民代表大会及其常务委员会制定和颁布的税收法律
B. 从法律性质看，税法属于授权性法规
C. 税收的特征是强制性、无偿性和固定性
D. 税法属于习惯法而不属于制定法

4. 纳税人李某和税务所在缴纳税款上发生了争议，必须在缴纳有争议的税款后，税务复议机关才能受理李某的复议申请，这体现了税法适用原则中的（　　）。

A. 新法优于旧法原则　　B. 特别法优于普通法原则
C. 程序法优于实体法原则　　D. 实体法从旧原则

5. 不属于我国税法生效方式的情况是（　　）。

A. 税法公布后由省税务机关决定生效日期
B. 税法通过一段时间后开始生效
C. 税法自通过发布之日起生效
D. 税法公布后授权地方政府自行确定实施日期

6. 下列选项中不属于税法适用原则的是（　　）。

A. 法律优位原则　　B. 法律溯及既往原则
C. 新法优于旧法原则　　D. 程序法优于实体法原则

7. 下列方式中，哪种方式是最常见的税法失效宣布方式（　　）。

A. 直接宣布废止　　B. 以新税法代替旧税法
C. 税法本身规定废止日期　　D. 媒体曝光

8. 下列税种，实行超额累进税率的是（　　）。

A. 房产税　　B. 车船税

C. 土地增值税　　D. 个人所得税

9. 下列税率形式，应用于土地增值税的是（　　）。

A. 超额累进税率　　B. 超率累进税率

C. 全额累进税率　　D. 超倍累进税率

10. 区别不同类型税种的主要标志是（　　）。

A. 税率　　B. 纳税人

C. 征税对象　　D. 纳税期限

二、多项选择题

1. 下列属于税法基本原则的有（　　）。

A. 税收法定原则　　B. 税收公平原则

C. 税收效率原则　　D. 实质课税原则

2. 税收法律关系的构成包括（　　）。

A. 权利主体　　B. 权利客体

C. 内容　　D. 税目

3. 我国税法的空间效力包括在全国范围内有效的情况，但除个别特殊地区。这里的“个别特殊地区”主要指（　　）地区。

A. 香港地区　　B. 澳门地区

C. 台湾地区　　D. 保税区

4. 下列选项中，属于税收实体法要素的是（　　）。

A. 纳税义务人　　B. 征税对象

C. 税率　　D. 税目

5. 在税收执法过程中，对其适用性或法律效力的判断，一般按以下原则掌握（　　）。

A. 层次高的法律优于层次低的法律

B. 同一层次的法体中，特别法优于普通法

C. 国际法优于国内法

D. 实体法从新，程序法从旧

6. 在税收法律关系中，纳税人享有的权利和承担的义务不尽相同，下列行为中属于纳税义务人权利的有（　　）。

A. 按期进行纳税申报，按时足额缴纳税款

B. 依法进行账簿、凭证管理

C. 多缴税款申请退还

D. 对税务违法行为申请复议

7. 下列选项中，属于税务机关义务的主要有（　　）。

A. 向纳税人宣传、咨询、辅导解读税法

B. 把征收的税款解缴国库

C. 依法受理纳税人对税收争议的申诉

D. 依法进行征税

8. 下列选项中，属于税收特性的有（　　）。

A. 无偿性　　B. 强制性

C. 固定性　　D. 可比性

9. 下列选项中，可作为纳税人的有（　　）。

A. 本国公民　　B. 外国人

C. 无国籍人　　D. 社团法人

10. 税收立法与税法实施过程中必须遵循的基本原则是（　　）。

A. 有法可依　　B. 有法必依

C. 执法必严　　D. 违法必究

三、判断题

1. 税法的权利主体就是纳税主体。（　　）

2. 没有法律、法规的授权，地方政府无权自定税收规章。（　　）

3. 税法实施中，程序法从新、实体法从旧。（　　）

4. 税法是调整税务机关与纳税人关系的法律规范，其本质是税务机关依据国家的行政权力向公民进行课税。（　　）

5. 税法是税收的法律表现形式，税收则是税法所确定的具体内容。（　　）

6. 纳税人必须按照固定期限纳税，不可以按次纳税。（　　）

7. 税收的实质是国家凭借其政治权力，利用税收工具，强制、任意地对纳税人征收税款。（　　）

8. 税收是大部分国家取得财政收入的主要形式。（　　）

9. 税收的“三性”是一个完整的统一体，它们相辅相成，缺一不可。其中，强制性是核心，无偿性是保障，固定性是对强制性和无偿性的一种规范和约束。（　　）

10. 税法是国家制定的用以调整企业与纳税人之间在征纳税方面的权利及义务关系的法律规范的总称。（　　）

第二章　增值税法习题

一、单项选择题

1. 某服装经营增值税一般纳税人2014年1月1日接受运输企业提供的货物运输服务，并取得其所在地税务机关代开的公路、内河运输发票，该纳税人按该发票上注明的金额的（　　）计算进项税额，从销项税额中抵扣。

A. 3%的征收率　　B. 7%的扣除率
C. 11%的扣除率　　D. 不能

2. 营业税改征增值税在现行增值税17%标准税率和13%低税率基础上，新增（　　）两档低税率。

A. 11%和3%　　B. 11%和6%
C. 6%和3%　　D. 3%和0%

3. 下列不属于提供有形动产租赁服务的是（　　）。

A. 有形动产融资租赁　　B. 有形动产经营性租赁
C. 远洋运输的光租业务　　D. 航空运输的湿租业务

4. 下列对增值税税率描述错误的是（　　）。

A. 提供有形动产租赁服务，税率为17%
B. 提供交通运输业服务，税率为11%
C. 提供部分现代服务业服务（有形动产租赁服务除外），税率为6%
D. 小规模纳税人提供应税服务，税率为3%

5. 下列不属于设计服务的是（　　）。

A. 平面设计　　B. 创意策划
C. 电路设计　　D. 造型设计

6. 下列增值税税率错误的是（　　）。

A. 提供有形动产租赁服务，税率为17%
B. 销售有形不动产，税率为17%
C. 提供现代服务业服务（有形动产租赁服务除外），税率为6%
D. 销售石油液化气，税率为13%

7. 境外单位或者个人在境内提供应税服务，在境内未设有经营机构的，扣缴义务人按照（　　）公式计算应扣缴税额（国际货运服务除外）。

A. 应扣缴税额=接受方支付的价款÷（1+税率）×税率
B. 应扣缴税额=接受方支付的价款÷（1+征收率）×征收率

C. 应扣缴税额=接受方支付的价款÷（1+税率）×征收率

D. 应扣缴税额=接受方支付的价款÷（1+征收率）×税率

8. 纳税人销售价格明显偏低并无正当理由，按（　　）顺序确定销售额？

A. 纳税人最近时期同类货物的平均销售价格确定—其他纳税人最近时期同类货物的平均销售价格确定—组成计税价格确定

B. 纳税人最近时期同类货物的平均销售价格确定—组成计税价格确定—其他纳税人最近时期同类货物的平均销售价格确定

C. 纳税人按组成计税价格确定—其他纳税人最近时期同类货物的平均销售价格确定—纳税人最近时期同类货物的平均销售价格确定

D. 纳税人按组成计税价格确定—纳税人最近时期同类货物的平均销售价格确定—其他纳税人最近时期同类货物的平均销售价格确定

9. 某企业本月将外购的一批成本为 20 万元（不含税）的食品发给职工，则下列说法正确的是（　　）。

A. 应反映销项税额 3.74 万元　　B. 应反映销项税额 3.4 万元

C. 应反映应纳税额 3.4 万元　　D. 应转出进项税额 3.4 万元

10. 下列按 13%的税率征收增值税的是（　　）。

A. 寄售业销售寄售商品　　B. 农膜

C. 加工劳务　　D. 小规模纳税人销售货物

11. 增值税应税服务达到（　　）可申请成为一般纳税人。

A. 300 万元　　B. 800 万元

C. 500 万元　　D. 1 000 万元

12. 下列货物中，适用 17%增值税税率的是（　　）。

A. 粮食　　B. 煤气

C. 图书　　D. 电视机

13. 小规模纳税人销售货物，对其进项税额的处理规定是（　　）。

A. 可按 6%抵扣进项税额　　B. 不得抵扣任何进项税额

C. 可按 10%抵扣进项税额　　D. 可按 13%抵扣进项税额

14. 按照现行《中华人民共和国增值税暂行条例》的规定，小规模纳税人适用的征收率是（　　）。

A. 4%　　B. 6%

C. 3%　　D. 2%

15. 根据《中华人民共和国增值税暂行条例》的规定，我国现行的增值税类型是（　　）。

A. 生产型增值税　　B. 收入型增值税

C. 消费型增值税　　D. 流通型增值税

16. 下列各项中，既是增值税税率，又是增值税进项税额扣除率的是（　　）。

A. 7%　　B. 10%

C. 13%　　D. 17%

17. 根据增值税法律制度的有关规定，纳税人采取赊销方式销售货物的，其增值税纳税义务发生时间为（　　）。

A. 发出货物的当天

B. 收到货物的当天

C. 书面合同约定的收款日期的当天

D. 签订合同的当天

18. 某自行车厂某月自产的10辆自行车被盗，每辆成本为300元（材料成本占65%），每辆对外销售额为420元（不含税），则本月进项税额为（　　）元。

A. 331.5　　B. 510

C. 610.3　　D. 714

19. 根据市场需求情况，某汽车制造厂决定动用前一纳税期购买的钢材X吨（前期已经抵扣）用于首批联合收割机的生产。当期增值税进项税额应进行（　　）处理。

A. 将X吨钢材的进项税额从当期发生的进项税额中扣减

B. 将X吨钢材的进项税额在当期由购其买价的17%改为购买价的13%扣减

C. 不扣减当期发生的进项税额

D. 从前一纳税期的进项税额中按选项B的方式扣减

20. 下列各项中，属于增值税应税项目的是（　　）。

A. 修配业务　　B. 不动产销售业务

C. 建筑业务　　D. 金融业务

21. 以下不属于我国现行增值税税率的是（　　）。

A. 11%　　B. 6%

C. 5%　　D. 13%

22. 增值税的征税对象是销售应税货物的（　　）。

A. 全部价款　　B. 货款

C. 增值额　　D. 实际制造成本

23. 某单位采取折扣方式销售货物，折扣额与销售额开在同一张发票上，增值税销售额的确定是（　　）。

A. 扣除折扣额的销售额　　B. 不扣除折扣额的销售额

C. 折扣额　　D. 加上折扣额的销售额

24. 某生产果酒企业为增值税一般纳税人，月销售收入为140.4万元（含税），当期发出包装物收取押金为4.68万元，当期逾期未归还包装物押金为2.34万元。该企业本期应申报的销项税额为（　　）。

A. 20.4万元　　B. 20.74万元

C. 21.08万元　　D. 20.797 8万元

25. 进口货物增值税的组成计税价格是（　　）。

A. 关税完税价格+关税

B. 货物到岸价格+关税+消费税

C. 成本×（1+成本利润率）

D.（关税完税价格+关税）÷（1-消费税率）

26. 某商场实行还本销售家具，家具现售价 16 500 元，5 年后还本，该商场增值税的计税销售额是（　　）。

A. 16 500 元　　B. 16 500÷5＝3 300 元

C. 1 650 元　　D. 不征税

27. 某单位外购下列货物，按照增值税的有关规定，可以作为进项税额从销项税额中抵扣的是（　　）。

A. 外购的低值易耗品　　B. 购进的货物用于免税项目

C. 外购的货物用于集体福利　　D. 外购的货物分配给职工

28. 纳税人为销售货物而出租的包装物收取押金，对其逾期未收回包装物而不再退还的押金，应并入销售额征收增值税，并入销售额的押金所适用的税率是（　　）。

A. 包装物的适用税率

B. 所包装货物的适用税率

C. 包装物和所包装货物的平均税率

D. 6%的征税率

29. 采取赊销方式销售货物，增值税纳税义务的发生时间是（　　）。

A. 收到销售额的当天　　B. 货物发出的当天

C. 合同约定的收款日期的当天　　D. 取得索取销售额凭据的当天

30. 某服装厂（一般纳税人）将自产的 200 件服装出售给本企业职工，每件成本 40 元，每件售价 30 元（无同类产品售价），计算该事项产生的销项税额为（　　）元。

A. 1 496　　B. 1 230

C. 1 020　　D. 1 580

二、多项选择题

1. 除销售价格以外，向购买方收取的下列费用应并入销售额计算纳税的有（　　）。

A. 收取的违约金　　B. 收取的手续费

C. 收取的单独记账包装物押金　　D. 收取的包装物租金

2. 下列各项，属于增值税征收范围的是（　　）。

A. 提供修理修配劳务　　B. 销售不动产

C. 向他人无偿提供捐赠自产货物　　D. 转让土地使用权

3. 下列货物，适用 17%增值税税率的是（　　）。

A. 钢材　　B. 水泥

C. 化肥　　D. 农药

4. 下列各项中，应视同销售货物行为征收增值税的是（　　）。

A. 将委托加工的货物用于非应税项目　　B. 动力设备的安装

C. 销售代销的货物　　D. 邮政局出售集邮商品

5. 下列各项中，应当征收增值税的有（　　）。
A. 医院提供治疗并销售药品
B. 邮局提供邮政服务并销售集邮商品
C. 商店销售空调并负责安装
D. 汽车修理厂修车并提供洗车服务

6. 属于增值税视同销售行为，应缴纳增值税的有（　　）。
A. 委托他人代销货物　　B. 将自产的货物分配给投资者
C. 将购买的货物对外投资　　D. 将购买的货物用于集体福利

7. 增值税的类型有（　　）。
A. 消费型增值税　　B. 收入型增值税
C. 生产型增值税　　D. 积累型增值税

8. 我国现行增值税的征税范围包括（　　）。
A. 销售货物　　B. 提供加工修理修配劳务
C. 进口货物　　D. 提供交通运输服务

9. 下列是现行增值税税率的有（　　）。
A. 11%　　B. 6%
C. 25%　　D. 17%

10. 以下单位或者个人发生的行为属于增值税的征收范围的是（　　）。
A. 进口固定资产设备　　B. 销售商品房
C. 零售杂货　　D. 生产销售电力

11. 下列关于增值税的计税销售额规定说法正确的有（　　）。
A. 以物易物方式销售货物，由多交付货物的一方以价差计算缴纳增值税
B. 以旧换新方式销售货物，以实际收取的不含增值税的价款计算缴纳增值税（金银首饰除外）
C. 还本销售方式销售货物，以实际销售额计算缴纳增值税
D. 销售折扣方式销售货物，不得从计税销售额中扣减折扣额

12. 提供应税服务，增值税征收率为3%的是（　　）。
A. 选择简易计税方法的公交客运公司
B. 一般纳税人销售旧固定资产
C. 小规模纳税人向国税机关申请代开增值税专用发票的
D. 小规模纳税人提供应税服务

13. 营业税改征增值税中研发和技术服务包括（　　）。
A. 研发服务　　B. 技术转让服务
C. 技术咨询服务　　D. 合同能源管理服务
E. 工程勘查勘探服务

14. 下列行业中属于营业税改征增值税应税服务的有（　　）。
A. 陆路运输服务　　B. 铁路运输服务
C. 航空运输服务　　D. 房屋租赁服务

E. 研发和技术服务　　F. 信息技术服务

G. 文化创意服务　　H. 物流辅助服务

15. 设计服务包括（　　）。

A. 服装设计　　B. 理发美容设计

C. 工程设计　　D. 动漫设计

16. 下列行为中，2013 年 10 月起涉及的进项税额准予从销项税额中抵扣的是（　　）。

A. 将外购的货物用于本单位集体福利

B. 将外购的货物用于个人消费

C. 纳税人自用的应征消费税的摩托车、汽车、游艇

D. 外购用于生产经营的固定资产

三、判断题

1. 小规模纳税人的增值税征收率为 6%。（　　）

2. 按照增值税税法的有关规定，销售折扣可以从销售额中减除。（　　）

3. 已抵扣进项税额的购进货物，如果作为集体福利发放给职工个人，发放时应视同销售并计算增值税的销项税额。（　　）

4. 增值税一般纳税人销售货物从购买方收取的价外费用，在征税时应视为含税收入，计算税额时应换算为不含税收入。（　　）

四、计算题

1. 某市一家电生产企业为增值税一般纳税人，12 月份将自产家电移送职工活动中心（福利部门）一批，成本价 20 万元，市场销售价格 23 万元（不含税）。

计算该业务应税销售额。

2. 兼有货物、劳务及应税服务的营业税改征增值税试点纳税人于 2013 年 8 月销售货物取得不含税销售额 1 000 万元，检验检测不含税收入 200 万元，均开具增值税专用发票。当月外购货物取得增值税专用发票注明增值税 150 万元。

计算该业务应纳增值税。

3. 某增值税一般纳税人，2 月基本建设项目领用货物成本为 30 000 元，产成品因风灾损失价值 100 000 元，其中损失价值中购进货物成本 70 000 元，进项货物税率全部为 17%。

计算进项税金调整额。

4. 某增值税一般纳税人生产甲乙两种产品，其中甲产品免征增值税，2 月份支付电费 20 000 元，进项税金 3 400 元；支付热电力费 10 000 元，进项税金 1 700 元，本月购入其他货物进项税金为 60 000 元。上述进项税金的货物全部共同用于甲、乙两种产品生产。当月共取得销售额为 1 500 000 元，其中甲产品为 500 000 元。

计算进项税金调整额。

5. 某汽车制造厂为增值税一般纳税人，2013 年 3 月发生如下业务：

（1）销售小汽车一批，开具增值税专用发票，取得销售额 1 000 万元，增值税税额 170 万元；销售卡车一批，开具普通发票，取得销售额为 234 万元；

（2）购进原材料，取得的增值税专用发票上注明价款为 120 万元，增值税税额 20.4 万元；

（3）进口大型检测设备一台，取得的海关完税凭证上注明的增值税税款为 10 万元；

（4）3 月 1 日增值税进项税额余额为 10 万元。

计算本月应纳增值税税额。

6. 某电视机生产企业为增值税一般纳税人，某月份经营业务如下：

（1）电视机每台出厂价为不含税销售额 2 000 元/台，销售 9 000 台。另外，1 000 台电视机按 9 折折价销售，折扣价在同一张发票上开具；800 台因在 10 日内一次性付款，给予销售折扣 2%；200 台采用以旧换新方式销售，每台旧电视机作价 300 元，新电视出售实际收款 1 700 元；本企业生产用于职工集体福利 10 台；捐赠给运动会20 台。

(2) 购入国内原材料价款 800 万元，取得防伪税控系统开具的增值税专用发票。当月生产产品消耗原材料共计 700 万元。

计算应纳增值税。

7. 某进出口公司进口一批应税货物，境外口岸离岸价格折算成人民币 2 000 万元，支付运费 50 万元，保险费 40 万元，进口关税 140 万元，当月销售给国内企业销售额为 3 600 万元（不含税）。这批货物适用 17%的增值税税率。

计算该公司进口和国内销售应缴增值税。

8. 某报亭属于增值税小规模纳税人，某月购进报纸杂志支付 30 900 元，销售报纸、杂志取得含税销售额 51 500 元。

计算应纳增值税。

9. 自营出口的某生产企业为增值税一般纳税人，进出口货物的适用税率为 17%，退税率为 13%，上期期末留抵税额 6 万元。2009 年 8 月有关经营业务包括：购进原材料一批，取得的防伪税控增值税专用发票上注明价款 200 万元，外购货物准予抵扣进项税额 34 万元，货物已验收入库；当月进料加工的免税进口料件的组成计税价格 100 万元；内销货物不含税销售额 100 万元，收款 117 万元存入银行；本月出口货物销售额折合人民币 200 万元。

计算该企业当期的“免、抵、退”税税额。

10. 某商城2012年8月销售电冰箱1 000台，新冰箱每台零售价3 000元；以旧换新形式销售500台电冰箱，新冰箱每台零售价3 000元，旧冰箱每台作价100元，每台冰箱收取差价2 900元，商场会计核定当期电冰箱的计税销售额＝1 000×3 000+500×2 900＝3 000 000+1 450 000＝4 450 000（元），是否正确？为什么？

11. 某工业企业为增值税一般纳税人，适用增值税税率为17%，2014年2月发生如下经济业务：

（1）购进原材料80万元，取得专用发票，货款已由银行存款支付，本月尚未到货，支付运费并取得运输单位开具的专用发票注明税额0.42万元。

（2）向小规模纳税人购进粮食一批，支付价款30万元，取得普通发票，货物验收入库。

请根据上述资料计算该企业当期销项税额、进项税额和应纳税额。

12. 某增值税一般纳税人，某年8月经营情况如下：

（1）外购原材料一批，取得的增值税专用发票上注明的货款100万元，税额17万元。

（2）进口原材料一批，取得的完税凭证上注明的已纳税额25万元。

（3）销售甲产品给某大百货公司，开具增值税专用发票，取得不含税销售额80万元；另外，开具普通发票，收取送货运费收入5.85万元。

（4）销售乙产品，开具普通发票，取得含税销售额29.25万元。

（5）将一批新产品用于本企业基建工程，成本价为20万元，成本利润率为10%，该新产品无同类产品市场价格。

试计算当期增值税应纳税额。

13. 设在A市的某日用化工厂为增值税一般纳税人，2013年11月发生如下经济业务：

（1）向某商场销售化妆品，取得收入808 000元（不含税），同时收取包装费9 360元，并向该商场开具专用发票；

（2）本月购进某种清洗剂等生产用原料，取得增值税专用发票上注明税款为119 000元，付运费取得增值税专用发票注明税额350元；

（3）支付水电费18 000元，取得专用发票上注明税款3 060元；

（4）商场在销售化妆品过程中发现部分商品不足量，经协商折让后退给商场货款（不含税）8 000元，已收到税务部门开具的“进货退出或索取折让证明单”；

（5）销售某种新型化妆品1 200瓶，每瓶实际成本30元，经税务部门批准按组成计税价格计税（成本利润率为5%，化妆品消费税税率为30%）；

（6）收到某商场代销化妆品代销清单，代销化妆品共计取得不含税收入250 000元，开具专用发票。

根据上述资料计算该企业本月销项税额、进项税额、应纳增值税税额。

14. 某生产企业为增值税一般纳税人，适用增值税税率为17%，2014年2月份的有关生产经营业务如下：

（1）销售甲产品给某大商场，开具增值税专用发票，取得不含税销售额80万元；另外，取得销售甲产品的送货运输费收入5.85万元（含增值税价格，与销售货物不能分别核算）。

（2）销售乙产品，开具普通发票，取得含税销售额29.25万元。

（3）将试制的一批应税新产品用于本企业基建工程，成本价为20万元，国家税务总局规定成本利润率为10%，该新产品无同类产品市场销售价格。

（4）销售2013年10月份购进作为固定资产使用过的进口摩托车5辆，开具增值税专用发票，上面注明每辆取得销售额1万元。

（5）购进货物取得增值税专用发票，注明支付的货款60万元、进项税额10.2万元；另外，支付购货的运输费用6万元（不含税价），取得运输公司开具的货物运输业增值税专用发票。

（6）向农业生产者购进免税农产品一批，支付收购价30万元，支付给运输单位的运费5万元，取得相关的合法票据。本月下旬将购进的农产品的20%用于本企业职工福利。

以上相关票据均符合税法的规定，请按下列顺序计算该企业2月份应缴纳的增值税税额：

（1）计算销售甲产品的销项税额；

（2）计算销售乙产品的销项税额；

（3）计算自用新产品的销项税额；

（4）计算销售使用过的摩托车应纳税额；

（5）计算外购货物应抵扣的进项税额；

（6）计算外购免税农产品应抵扣的进项税额；

（7）计算企业2月份合计应缴纳的增值税税额。

15. 试点地区某设计公司为增值税一般纳税人，2013 年 12 月发生以下经济业务：

（1）为甲个人提供服装设计服务取得收入 100 000 元；

（2）为乙个人提供创意策划服务，取得收入 80 000 元；

（3）为丙企业提供环境设计服务，取得收入 60 000 元；

（4）提供的创意策划服务，取得收入 10 000 元；

（5）购买办公用电脑，取得 1 份增值税专用发票上注明税款 5 000 元。

该公司核算健全，所有收入为含税价款，取得的各类发票均已认证相符，计算取小数点后两位。

计算该公司 12 月应纳增值税额。

16. 某商店为增值税小规模纳税人，8 月取得零售收入总额 12.36 万元。

计算该商店 2013 年 8 月应缴纳的增值税税额。

17. 某商场 10 月进口货物一批。该批货物在国外的买价为 40 万元，该批货物运抵我国海关前发生的包装费、运输费、保险费等共计 20 万元。货物报关后，商场按规定缴纳了进口环节的增值税并取得了海关开具的海关进口增值税专用缴款书。假定该批进口货物在国内全部销售，取得不含税销售额 80 万元。货物进口关税税率为 15%，增值税税率为 17%。

请按下列顺序回答问题：

（1）计算关税的完税价格；

（2）计算进口环节应纳的进口关税；

（3）计算进口环节应纳增值税的组成计税价格；

（4）计算进口环节应缴纳增值税的税额；

（5）计算国内销售环节的销项税额；

（6）计算国内销售环节应缴纳增值税税额。

18. 某自营出口的生产企业为增值税一般纳税人，出口货物的征税税率为17%，退税税率为13%。2011年6月，该企业有关经营业务为：购原材料一批，取得的增值税专用发票注明的价款400万元，外购货物准予抵扣的进项税额68万元通过认证。上期末留抵税款5万元。本月内销货物不含税销售额100万元，收款117万元存入银行。本月出口货物的销售额折合人民币200万元。

试计算该企业当期的免、抵、退税额。

19. 某自营出口生产企业是增值税一般纳税人，出口货物的征税税率为17%，退税税率为13%。2011年8月，该企业有关经营业务为：购原材料一批，取得的增值税专用发票注明的价款200万元，外购货物准予抵扣的进项税额34万元通过认证。当月进料加工免税进口料件的组成计税价格100万元。上期末留抵税款6万元。本月内销货物不含税销售额100万元，收款117万元存入银行。本月出口货物销售额折合人民币200万元。

试计算该企业当期的免、抵、退税额。

第三章　消费税法习题

一、单项选择题

1 下列产品中，属于应税消费品应征收消费税的有（　　）。

A. 实木地板　　B. 洗衣机

C. 电脑　　D. 卡车

2 下列项目中应征收消费税的是（　　）。

A. 委托加工电脑　　B. 商店销售白酒

C. 委托加工烟丝　　D. 商场零售卷烟

3. 下列货物，属于消费税征收范围的是（　　）。

A. 高尔夫球及球具、糖、柴油　　B. 汽车轮胎、化妆品、彩电

C. 烟、酒、摩托车　　D. 实木地板、彩电、冰箱

4. 某白酒生产企业为增值税一般纳税人，8 月份销售粮食白酒 50 吨，取得不含增值税的销售额 150 万元。已知白酒适用比例税率为 20%，定额税率每 500 克 0.5 元。计算该白酒企业 8 月应缴纳的消费税额（　　）。

A. 35（万元）　　B. 40（万元）

C. 28（万元）　　D. 17（万元）

5. 某酒厂为增值税一般纳税人，本月向一小规模纳税人销售白酒，并开具普通发票上注明金额 93 600 元；同时收取单独核算的包装物押金 2 000 元（尚未逾期），此业务酒厂应计算的销项税额为（　　）。

A. 13 600 元　　B. 15 301.92 元

C. 15 011.32 元　　D. 13 890.60 元

6. 外购已税消费品用于生产应税消费品时，当期准予扣除的已纳消费税的计算依据是（　　）。

A. 当期购进数量

B. 当期生产领用数量

C. 当期出库数量

D. 当期已出售的应税消费品的耗用数量

7. 某外资企业进口一批汽车轮胎，海关核定关税完税价格为 540 万元。已知关税税率为 60%，消费税税为 10%。该企业应纳的消费税是（　　）万元。

A. 54　　B. 96

C. 86.4　　D. 960

8. 下列情形中，通常应免征消费税的是（　　）。

A. 生产应税消费品并销售　　B. 委托加工应税消费品

C. 自产应税消费品馈赠他人　　D. 出口应税消费品

9. 某汽车厂自产小汽车抵偿债务，消费税的计税销售额应选择（　　）。

A. 同类消费品的中间价格　　B. 同类消费品的加权平均单价

C. 同类消费品最高价格　　D. 组成计税价格

10. 我国现行实行从量定额征收消费税的货物是（　　）。

A. 白酒、啤酒、酒精　　B. 啤酒、黄酒、酒精

C. 啤酒、黄酒、汽油　　D. 汽油、柴油、小汽车

11. 委托个体经营者加工应税消费品，其应税消费品的纳税义务应当是（　　）。

A. 委托方　　B. 受托方

C. 委托方或受托方　　D. 销售方

12. 我国现行的消费税规定委托加工应税消费品仅指（　　）。

A. 受托方将原材料生产加工应税消费品

B. 由受托方先将原材料卖给委托方，然后在接受加工的应税消费品

C. 由受托方以委托方名义购进原材料生产的应税消费品

D. 由委托方提供原材料和主要材料，受托方只收取加工费和代垫部分辅助材料加工的应税消费品

13. 下列各项中，符合消费税有关应按当期生产领用数量计算准予抵扣外购的已税消费税税款规定的是（　　）。

A. 外购已税白酒生产白酒

B. 外购已税化妆品生产的化妆品

C. 外购已税白酒生产的巧克力

D. 外购已税珠宝玉石生产的金银镶嵌首饰

14. 下列各项中，与我国现行出口应税消费品的退（免）消费税政策不符的是（　　）。

A. 免税但不退税　　B. 不免税也不退税

C. 不免税但退税　　D. 免税并退税

15. 某外贸公司 3 月份从生产企业购入化妆品一批，取得增值税专用发票注明价款 25 万元、增值税 4.25 万元，支付购买化妆品的运输费用 3 万元，当月将该批化妆品全部出口取得销售收入 35 万元。该外贸公司出口化妆品应退的消费税为（　　）万元。

A. 7.5　　B. 8.4

C. 9.7　　D. 10.5

16. 消费税计算中，（　　）采用从量定额征税。

A. 汽油　　B. 化妆品

C. 小汽车　　D. 金银首饰

17. 根据《中华人民共和国消费税暂行条例》及其实施细则的规定，自产自用应税消费品的消费税，其纳税环节为（　　）。

A. 消费环节　　B. 生产环节
C. 移送使用环节　　D. 加工环节

18. 根据《消费税暂行条例》及其实施细则的规定，纳税人销售应税消费品向购买方收取的下列税金、价外费用中，不应并入应税消费品销售额征收消费税的是（　　）。

A. 向购买方收取的手续费
B. 向购买方收取的价外费用
C. 向购买方收取的增值税税款
D. 向购买方收取的消费税税款

19. 某企业向摩托车制造厂（增值税一般纳税人）订购摩托车 10 辆，支付货款（含税）共计 250 800 元，另付设计、改装费 30 000 元。摩托车制造厂计缴消费税的销售额是（　　）元。

A. 214 359　　B. 240 000
C. 250 800　　D. 280 800

20. 纳税人经营不同税率应税消费品，其税率运用正确的是（　　）。

A. 未分别核算不同税率消费品的，从低适用税率计算消费税
B. 分别核算不同税率消费品的，从高适用税率计算应纳消费税
C. 将不同税率消费品组成套装销售，分别核算各自销售额，分别按各自适用税率计算应纳税额
D. 将不同税率消费品组成套装销售，从高适用税率计算应纳税额

21. 某企业将一批自产化妆品作为促销礼品随产品出售，化妆品生产成本为 7 000 元，无同类产品售价，则应纳消费税（成本利润率为 5%，消费税税率为 30%）为（　　）元。

A. 3 250　　B. 3 050
C. 3 150　　D. 3 210

22. 根据《中华人民共和国消费税暂行条例》的规定，消费税的纳税人用于投资入股的应税消费品，应以纳税人同类应税消费品的（　　）作为计税依据计算缴纳消费税。

A. 最低销售价格　　D. 销售价格的简单算术平均价格
C. 销售价格的加权平均价格　　D. 最高销售价格

23. 受托加工应税消费品受托方代收代缴消费税的时间为（　　）。

A. 委托方交付原材料时
B. 委托方支付加工费时
C. 受托方加工完毕交货时
D. 委托方加工收回的应税消费品入库时

24. 某企业委托酒厂加工药酒 10 箱，该药酒无同类产品销售价格，已知委托方提供的原料成本为 2 万元，受托方垫付辅料成本为 0.15 万元（不含增值税），另收取加工费 0.4 万元（不含值税），则该酒厂代收代缴的消费税（药酒的消费税税率为 10%）

为（　　）元。

A. 2 550　　B. 2 833

C. 4 817　　D. 8 500

25. 根据消费税法律制度的有关规定，纳税人采取赊销方式销售货物的，其消费税纳税义务发生时间为（　　）。

A. 发出货物的当天　　B. 收到货物的当天

C. 合同约定的收款日期的当天　　D. 签订合同的当天

26. 根据《中华人民共和国消费税暂行条例》的规定，消费税纳税人以一个月为一期纳税的，其申报纳的期限为自期满之日起（　　）。

A. 5 日内　　B. 15 日内

C. 10 日内　　D. 30 日内

27. 某酒厂 2013 年 5 月份生产销售啤酒 400 吨，每吨售价 3 100 元。另外，该厂生产一种新的粮食白酒，广告样品使用 0.3 吨。已知该种白酒无同类产品出厂价，生产成本每吨为 22 000 元，成本利润率为 10%，消费税比例税率为 20%，定额税率为 0.5 元/斤；啤酒采用定额税率，税额每吨分别为 220 元（出厂价在 3 000 元/吨以下的）和 250 元（出厂价在 3 000 元/吨以上的）。该厂当月应缴纳的消费税为（　　）元。

A. 88 000　　B. 102 115

C. 100 000　　D. 102 190

二、多项选择题

1. 下列消费品中，属于消费品应税消费品的有（　　）。

A. 洗发水、护发素　　B. 珠宝、金银首饰

C. 手提电话　　D. 摩托车

2. 下列消费品中，（　　）在零售环节征收消费税。

A. 烟　　B. 金银首饰

C. 化妆品　　D. 钻石及钻石饰品

3. 下列消费品中，实行从价定率和从量定额复合税率计征消费税的消费品有（　　）。

A. 小汽车　　B. 卷烟

C. 粮食白酒　　D. 薯类白酒

4. 消费税不同应税产品的纳税环节包括（　　）。

A. 批发环节　　B. 进口环节

C. 零售环节　　D. 生产销售环节

5. 下列消费品中，实行从量定额征收消费税的有（　　）。

A. 黄酒　　B. 啤酒

C. 柴油　　D. 白酒

6. 下列各项中，可按委托加工应税消费品的规定征收消费品的有（　　）。

A. 受托方代垫原料，委托方提供辅助材料的

B. 委托方方提供原料和主要材料，受托方代垫部分辅助材料的

C. 受托方负责采购委托所需原材料的

D. 委托方提供原料、材料和全部辅助材料的

7. 委托加工应税消费品的组成计税价格中应包括的项目有（　　）。

A. 加工费用

B. 委托方提供加工材料的实际成本

C. 受托方代垫运费辅助材料价格

D. 受托方代收代缴的消费税税款

8. 下列外购消费品中，用于连续生产销售时，消费税准予抵扣的有（　　）。

A. 外购已税化妆品生产的化妆品

B. 外购已税烟丝生产的卷烟

C. 外购已税鞭炮焰火生产的鞭炮焰火

D. 外购已税摩托车生产的摩托车

9. 纳税人发生以下行为时，应按照最高计税价格计征消费税的有（　　）。

A. 用于换取生产资料　　B. 换取消费资料

C. 投资入股　　D. 抵偿债务

10. 根据《中华人民共和国消费税暂行条例》及其实施细则的规定，纳税人自产自用的应税消费品用于下列用途时，应缴纳消费税的有（　　）。

A. 用于职工福利和奖励　　B. 用于生产非应税消费品

C. 用于生产应税消费品　　D. 用于馈赠、赞助

11. 根据消费税法律制度的规定，对部分应税消费品实行从价定率计税办法。下列各项中，属于实行从价定率计税的消费品有（　　）。

A. 鞭炮　　B. 卷烟

C. 化妆品　　D. 高档手表

12. 从价定率计征消费税时，计税销售额中应包括（　　）。

A. 价款　　B. 价外费用

C. 消费税金　　D. 增值税金

13. 根据消费税法律制度的有关规定，纳税人外购和委托加工的特定应税消费品，用于继续生产应税消费品的，已缴纳的消费税税款准予从应纳消费税税额中抵扣，下列各项中，可以抵扣已缴纳的消费税的有（　　）。

A. 外购的已税化妆品用于生产化妆品

B. 委托加工收回的已税玉石用于生产玉石首饰

C. 外购的已税汽车用于改装成小货车

D. 外购的已税烟丝用于生产卷烟

三、判断题

1. 在现行的消费税征收范围中，除卷烟、白酒外，其他一律采用从价定量和从量定额结合的混合计税方法。（　　）

2. 应税消费品征收消费税的，其税基含有增值税；应税消费品征收增值税的，其税基不含有消费税。 （ ）

3. 纳税人除委托个体经营者加工应税消费品于委托方收回后在委托方所在地缴纳消费税外，其余的委托加工应税消费品均由受托方交货时代收代缴消费税。 （ ）

4. 从其他工商企业购进的已税消费品，用于继续生产应税消费品销售的，在计征消费税时，生产耗用的外购应税消费品的已纳消费品税款准予抵扣。 （ ）

5. 企业应将不同的消费税税率的出口应税消费品分开核算和申请退税的，凡划分不清适用消费税，一律从低适用消费税计算应退消费税税额。 （ ）

6. 对饮食业、商业、娱乐业举办的啤酒屋（啤酒坊）利用啤酒生产设备，应当征收消费税和增值税。 （ ）

7. 纳税人通过自设独立核算门市部销售的自产应税消费税，应当按门市部对外销售额或销售数量征收消费税。 （ ）

8. 出口应税消费品的消费税退税率为该应税消费品的消费税税率。 （ ）

四、计算题

1. 某化妆品生产企业为增值税一般纳税人。2012 年 3 月 15 日，该企业向某大型商场销售化妆品一批，开具增值税专用发票，取得不含增值税销售额 50 万元，增值税额 8.5 万元；3 月 20 日，该企业向某单位销售化妆品一批，开具普通发票，取得含增值税销售额 2.34 万元。

计算该化妆品生产企业上述业务应缴纳的消费税税额。

2. 某啤酒厂 2012 年 4 月销售乙类啤酒 1 000 吨，每吨出厂价格 2 800 元。

计算该啤酒厂 4 月应纳消费税税额。

3. 某白酒生产企业为增值税一般纳税人，2012 年 4 月销售粮食白酒 50 吨，取得不含增值税的销售额 200 万元。

计算该白酒生产企业 4 月应缴纳的消费税税额。

4. 某酒厂 7 月份发生如下业务：

(1) 销售粮食白酒 20 吨，不含税单价 6 000 元/吨，销售散装白酒 8 吨，不含税单价 4 500 元/吨。

(2) 销售散装白酒 4 吨，不含税单价 3 200 元/吨。

(3) 用自产的散装白酒 10 吨从农民手中换回玉米用于消费，玉米已经入库，开出收购专用发票。

(4) 委托某酒厂加工酒精，收回酒精全部用于连续生产套装礼品白酒 6 吨并销售，不含税单价 8 000 元/吨。

请计算该酒厂 7 月应纳消费税税额（白酒定额税率为 0.5 元/500 克，比例税率为 20%）。

5. 某烟草进口公司 9 月从国外进口卷烟 80 000 条（每条 200 支），支付买价 2 000 000 元，支付到达我国海关前的运输费用 120 000 元、保险费用 80 000 元。关税完税价格为 2 200 000 元。假定进口卷烟关税税率为 20%。

计算进口卷烟的消费税和增值税。

6. 某化妆品生产企业为增值税一般纳税人，10 月上旬从国外进口一批散装化妆品，关税完税价格为 150 万元。本月内企业将进口的散装化妆品的 80%生产加工成套化妆品 7 800 件，对外批发销售 6 000 件，取得不含税销售额 290 万元；向消费者零售 800 件，取得含税销售 51.48 万元。化妆品的进口关税税率为 40%、消费税税率为 30%。

（1）计算该企业在进口环节应缴纳的消费税、增值税。

（2）计算该企业国内生产销售环节应缴纳的增值税、消费税。

7. 某商贸公司于 2012 年 5 月从国外进口一批应税消费品，已知该批应税消费品的关税完税价格为 90 万元，按规定应缴纳关税 18 万元，假定进口的应税消费品的消费税税率为 10%。

请计算该批消费品进口环节应缴纳的消费税税额。

8. 某外贸公司为增值税一般纳税人，当月从日本进口280辆小轿车，每辆关税完税价格为14万元，关税为8.8万元，消费税税率为5%。该外贸公司将进口小轿车全部出售，每辆售价不含税价为26万。

计算该外贸公司进口轿车应纳消费税、增值税和国内销售轿车应纳增值税。

9. 某汽车制造厂为增值税一般纳税人，生产销售A型小汽车，出厂不含税单价为每辆95 000元。2014年3月购销情况如下：

（1）向当地汽车贸易中心销售汽车80辆，汽车贸易中心当月付清货款后，厂家给予了8%的销售折扣，开具红字发票入账。

（2）向外地特约经销点销售汽车50辆，另收取包装费和售后服务费每辆1 000元，并支付给运输单位，取得运输单位开具给汽车制造厂的专用发票注明不含税运费10 000元。

（3）逾期仍未收回的包装物押金67 000元。

（4）购进小轿车零部件、原材料，取得增值税专用发票上注明的价款为5 800 000元，税款为986 000元。

已知小轿车的消费税税率为5%，计算该企业应纳消费税和增值税。

10. 某汽车轮胎厂为增值税一般纳税人，2013 年 11 月发生以下业务：

（1）本月销售给一汽车修理厂（小规模纳税人）汽车轮胎，开具普通发票上注明价款 23.4 万元；

（2）销售农用拖拉机专用轮胎，开具增值税专用发票上注明不含税销售额 10 万元；

（3）销售农用拖拉机通用轮胎，取得价税合计 40 万元；

（4）以成本价转给统一核算的门市部汽车轮胎 30 万元，门市部当月取得含税收入 39.78 万元；

（5）本月外购汽车轮胎取得增值税专用发票注明不含税销售额 20 万元，本月领用 80%，发票已经通过验证。

计算该纳税人当月应纳消费税和增值税（轮胎适用消费税税率为 3%）。

第四章 营业税法习题

一、单项选择题

1. 营业税的征税范围不包括（ ）。
   A. 金融保险业　B. 文化体育业
   C. 服务业　D. 交通运输业
2. 营业税的征税范围包括（ ）。
   A. 娱乐业、文化体育业、金融保险业、加工修理业
   B. 娱乐业、文化体育业、金融保险业、彩电销售业
   C. 娱乐业、文化体育业、金融保险业、旅游业
   D. 娱乐业、文化体育业、金融保险业、典当业销售死当物品
3. 下列各项，适用3%营业税税率的是（ ）。
   A. 文化体育业　B. 金融保险业
   C. 销售不动产　D. 服务业
4. 下列收入中，应当征收营业税的是（ ）。
   A. 寺庙收取的门票收入　B. 博物馆收取的门票收入
   C. 文化馆举办文化活动的门票收入　D. 某培训机构收取的培训费
5. 下列各项，属于营业税征税范围的是（ ）。
   A. 销售房屋　B. 销售机器设备
   C. 提供修理修配劳务　D. 提供货物加工劳务
6. 娱乐场所为顾客进行娱乐活动提供的饮食和销售的烟酒按（ ）征税。
   A. 服务业　B. 货物和服务业分别
   C. 娱乐业　D. 服务业和娱乐业分别
7. 下列经营者中，不属于营业税纳税人的是（ ）。
   A. 销售不动产的单位　B. 销售集邮商品的邮政部门
   C. 取得交通运输收入的交通运输部门　D. 从事修理修配业务的汽车厂
8. 下列各项中，不属于营业税征收范围的是（ ）。
   A. 金融保险业　B. 交通运输业
   C. 文化体育业　D. 建筑业
9. 下列各项中，不属于营业税征收范围的有（ ）。
   A. 某足球俱乐部的门票收入
   B. 某娱乐城随卡拉OK服务取得的销售啤酒收入

C. 某银行收取的手续费收入

D. 典当行销售死当物品取得的收入

10. 根据《中华人民共和国营业税暂行条例》的规定，下列各项中，应作为营业税计税依据的是（　　）。

A. 建筑企业不扣除其转包工程额的全部承包额

B. 贷款利息收入减去利息支出的余额

C. 旅行社在境内组织旅游收取的全部旅游费用

D. 娱乐业向顾客收取的包括烟酒、饮料、水果、糕点收费在内的各项费用

11. 根据营业税法律制度的规定，下列各项中，应缴纳营业税的是（　　）。

A. 商场销售洗衣机

B. 某公司提供机械加工劳务

C. 某房地产公司销售商品房

D. 某服装厂加工服装后销售

12. 甲建筑工程公司总承包一项工程项目，工程总价为 2 000 万元。其中，甲公司将金额为 400 万元的工程装修业务分包给乙装修公司。甲公司应纳营业税为（　　）。

A. 48 万元　　B. 60 万元

C. 80 万元　　D. 100 万元

13. 下列说法正确的是（　　）。

A. 修理汽车收入应缴纳营业税　　B. 研发服务收入应缴纳增值税

C. 旅游服务收入应缴纳增值税　　D. 修理机器收入应缴纳营业税

14. 某房地产开发公司 5 月份销售自建写字楼一幢，取得销售收入 1 800 万元，该写字楼工程总成本为 1 000 万元，税务机关核定的成本利润率为 10%，请计算该公司 5 月份应纳营业税额为（　　）。

A. 1 200 000 元　　B. 1 740 206. 19 元

C. 1 240 206. 19 元　　D. 19 200 000 元

15. 营业税的税率形式是（　　）。

A. 单一比例税率　　B. 行业差别比例税率

C. 地区差别比例税率　　D. 幅度比例税率

16. 纳税人提供应税劳务、转让无形资产或销售不动产价格明显偏低而无正当理由的，主管税务机关可以按顺序核定营业额，其中组成计税价格公式为（　　）。

A. 营业成本或者工程成本×（1+成本利润率）÷（1-营业税税率）

B. 营业成本或者工程成本×（1+成本利润率）÷（1+营业税税率）

C. 营业成本或者工程成本×（1+成本利润率）

D. 营业成本或者工程成本÷（1-营业税税率）

17. 饭店 5 月取得住宿收入 50 万元，理发收入 2 万元，游艺收入 20 万元，卡拉 OK 歌舞厅收入 30 万元，餐厅收入 50 万元，代理服务手续费收入 2 万元。该饭店当月应纳营业税为（　　）。

A. 12. 2 万元　　B. 15. 2 万元

C. 77.7万元　　　　　　　　D. 30.8万元

18. 下列关于建筑业计税依据说法正确的是（　　）。

A. 纳税人将建筑工程分包给其他单位的，以其取得的全部价款和价外费用为营业额

B. 纳税人提供建筑业务（不含装饰劳务）的，其营业额应当包括工程所用原材料、设备及其他物资和动力价款在内，也包括建设方提供的设备的价款

C. 纳税人自建自用房屋的行为，首先应按建筑业缴纳营业税，再按销售不动产缴纳营业税

D. 纳税人提供装饰劳务的，按照其向客户实际收取的人工费、管理费和辅助材料费等收入（不含客户自行采购的材料价款和设备价款）确认营业额

19. 下列各项行为中，属于营业税混合销售的是（　　）。

A. 空调专卖店销售空调并负责安装

B. 机场提供运输劳务并附设商场销售货物

C. 建材商店销售建材并从事装修、装饰业务

D. 餐馆在提供餐饮服务的同时销售烟、酒

二、多项选择题

1. 下列各项中，关于营业税纳税人与扣缴义务人的叙述正确的有（　　）。

A. 境外单位在境内发生应税行为而境内未设机构的，由境外单位自行缴纳营业税

B. 境外单位在境内发生应税行为而境内未设机构的，以其境内代理人为扣缴义务人

C. 境外单位在境内发生应税行为而境内未设机构，且境内没有代理人的，以受让方或购买方为扣缴义务人

D. 建筑安装业务实行分包的，以总包人为扣缴义务人

2. 下列各项中，属于营业税征收范围的行业有（　　）。

A. 饮食业　　　　　　　　B. 旅游业

C. 转让无形资产　　　　　　D. 修理修配业

3. 下列各项业务中，不征收营业税的有（　　）。

A. 房地产公司销售写字楼　　　　B. 商业企业销售空调并负责安装

C. 轮船厂销售轮船　　　　　　D. 建筑公司承包建筑安装业务

4. 不动产销售广义上也属于货物销售范围，该项业务发生应缴纳的税种有（　　）。

A. 增值税　　　　　　　　B. 土地增值税

C. 营业税　　　　　　　　D. 房产税

5. 下列各项中，符合营业税法有关征收管理规定的有（　　）。

A. 保险业的营业税纳税期限为一个月

B. 典当业的营业税纳税期限为一个季度

C. 非金融企业从事金融业务的营业税纳税期限为一个月

D. 营业税纳税人不能按照固定期限纳税的可以按次纳税

6. 根据《中华人民共和国营业税暂行条例》及其实施细则的规定，下列各项中，符合营业税纳税地点有关规定的有（　　）。

A. 企业转让土地使用权的，在土地所在地纳税

B. 企业出租土地使用权的，在向土地所在地机构所在地纳税

C. 企业提供应税劳务的，在其劳务所在地纳税

D. 企业销售不动产的，在不动产所在地纳税

7. 下列各项收入中，适用营业税税率20%的有（　　）。

A. 音乐茶座收入　　B. 台球收入

C. 游艺厅收入　　D. 夜总会收入

8. 下列各项中，属于兼营行为的有（　　）。

A. 某生产企业销售货物并运输所售货物

B. 建材商店销售建材，另外还提供装饰装修服务

C. 塑钢门窗生产企业为客户生产门窗并提供安装服务

D. 某娱乐城提供娱乐服务，同时对外还开设商场

9. 下列经营项目中，其营业额确定符合营业税规定的有（　　）。

A. 从事安装工程作业所安装的设备价值作为安装工程价值的，其营业额应包括设备价款

B. 娱乐业的营业额应包括门票收费、台位费、点歌费、烟酒和饮料收费及其他各项收费

C. 单位转让抵债所得的土地使用权，以全部收入减去抵债时该项土地使用权作价后的余额为营业额

D. 从事物业管理的单位以与物业管理有关的全部收入为营业额

10. 下列各项中，不征或免征收营业税的有（　　）。

A. 住房专项维修基金

B. 境内建筑公司在境外提供建筑业取得的收入

C. 电脑福利彩票投注点代销福利彩票取得手续费收入

D. 个人转让股票取得的收入

三、计算题

1. 某房地产公司当年自建家属楼一栋，建筑成本970万元，因职工分配住房难以进行，公司决定将其出售，取得收入1 200万元。

计算其应纳营业税额（设税务局核定的建筑业成本利润率为10%）。

2. 某商业银行2007年第二季度吸收存款8 000万元，取得贷款利息收入2 500万元；办理结算业务收取手续费60万元；理财咨询业务收入40万元。

计算该商业银行第二季度应纳营业税（营业税税率为5%）。

3. 某单位8月份取得的收入如下：

（1）代售大型演唱会门票取得收入21 000元，其中包括代售手续费1 000元；

（2）代售中国福利彩票取得代售收入500元；

（3）单位开设的照相馆营业收入28 000元，其中包括相册、镜框等收入2 000元；

（4）委派两人到国外提供咨询服务，收取咨询费60 000元；

（5）举办一期培训班，收取培训费120 000元，资料费8 000元。

计算该单位8月份应纳营业税。

4. 某旅行社本月收取A地十日游旅客旅游收费40 000元，旅游期间支付旅客旅馆费8 000元，餐费5 000元，交通费10 000元，门票费2 000元，本月20日旅游团返回。

请计算该旅行社本月应纳营业税额。

5. 某卡拉OK歌舞厅某月取得门票收入为60万元，台位费收入30万元，相关的烟酒和饮料费收入20万元，鲜花和小吃收入10万元，假定适用的税率为15%。

请计算该歌舞厅应缴纳的营业税税额。

6. 某饭店2012年5月取得住宿收入50万元，理发收入2万元，游艺收入20万元，卡拉OK歌舞厅收入30万元，餐厅收入50万元，代理服务手续费收入2万元。

请分析说明该饭店当月应纳营业税10万元是否正确？

7. 某房地产公司将新建的一栋住宅楼以每平方米 1 200 元的价格出售，价格明显偏低且无正当理由。该楼建筑面积为 3 000 平方米，当月未销售过同类住房，该房产的工程成本为每平方米 1 425 元（成本利润率为 5%）。

计算该公司应纳的营业税。

8. 某建筑公司 2014 年 3 月中标一项建筑承包工程，工程总承包额为 8 000 万元，该建筑公司将工程中的装饰工程分包给某装饰公司，分包价为 2 000 万元，同期自建一栋办公楼并予以出售，取得不动产销售收入 2 500 万元，该房屋建造成本为 2 000 万元，成本利润率为 10%（建筑业为 3%，销售不动产为 5%）。

试计算该建筑公司 2014 年 3 月应缴纳营业税税额及该装饰公司应缴纳营业税税额。

第五章　关税法习题

一、单项选择题

1. 下列各项中，（　　）不属于关税的纳税义务人。

A. 进口货物的收货人　　B. 出口货物的发货人

C. 进境物品的所有人　　D. 进口货物的发货人

2. 当一个国家存在自由港、自由区时，该国国境（　　）关境。

A. 大于　　B. 等于

C. 小于　　D. 无法比较

3.（　　）是指对某种货物在税则中预先按照该商品的价格规定几档税率，价格高的货物适用较低税率，价格低的货物适用较高税率。目的是使该货物的价格在国内市场上保持稳定。

A. 反倾销税　　B. 复合关税

C. 滑动关税　　D. 歧视关税

4. 任何国家或者地区对其进口的原产于我国的货物征收歧视性关税或者给予其他歧视性待遇的，我国对原产于该国家或者地区的进口货物征收（　　）。

A. 保障性关税　　B. 报复性关税

C. 反倾销税　　D. 反补贴税

5. 进口产品原产地的实质性加工标准是指产品加工后，在进出口税则中四位数税号一级税则归类已经有了改变，或者加工增值部分占新产品总值的比例已超过（　　）及以上。

A. 60%　　B. 50%

C. 40%　　D. 30%

6. 依据关税的有关规定，下列费用中不得计入完税价格的是（　　）。

A. 买价　　B. 境外运费

C. 由买方负担的包装费　　D. 由买方负担的购货佣金

7. 根据税法的规定，一张票据上应税货物的关税税额在人民币（　　）元以下的，可以免征关税。

A. 10　　B. 30

C. 50　　D. 100

8. 根据我国税法规定，进口货物以海关审定的成交价格为基础的（　　）为完税价格。

A. 公允价格　　B. 到岸价格

C. 离岸价格　　D. 货价

9. 进口应税消费品组成计税价格的计算公式是（　　）。

A. 关税完税价格÷（1+消费税税率）

B. 关税完税价格÷（1-消费税税率）

C.（关税完税价格+关税）÷（1+消费税税率）

D.（关税完税价格+关税）÷（1-消费税税率）

10. 我国海关进口货物是以（　　）为计税依据。

A. 离岸价格　　B. 到岸价格

C. 市场价格　　D. 出厂价格

11. 下列项目中，不计入进口完税价格的有（　　）。

A. 货物价款

B. 由卖方负担的包装材料和包装劳务费

C. 进口关税

D. 运抵海关前的运杂费

12. 进出口货物完税后，如发现少征或者漏征税款，海关应当自缴纳税款或者货物放行之日起（　　）内，向收发货人或他们的代理人补征。

A. 半年　　B. 1 年

C. 2 年　　D. 3 年

13. 进口货物的保险费应计入进口完税价格中，但陆、空、海运进口货物的保险费无法确定时，可按货价加运费之和的（　　）计算保险费。

A. 0.1%　　B. 3%

C. 0.3%　　D. 0.5%

14. 某外贸企业收购一批货物出口，离岸价折合人民币 49.8 万元，出口关税税率为 20%。则该批货物应纳出口关税为（　　）。

A. 8.3 万元　　B. 9.96 万元

C. 10 万元　　D. 12.45 万元

二、多项选择题

1. 按照关税的计征方式，可以将关税分为（　　）。

A. 从量关税　　B. 从价关税

C. 复合关税　　D. 滑准关税

2. 进口货物的下列（　　）费用应当计入完税价格。

A. 由买方负担的购货佣金

B. 由买方负担的在审查确定完税价格时与该货物视为一体的容器的费用

C. 由买方负担的包装材料费用和包装劳务费用

D. 作为该货物向中华人民共和国境内销售的条件，买方必须支付的、与该货物有关的特许权使用费

3. 进口时在货物的价款中列明的下列（　　），不计入该货物的完税价格。

A. 机械、设备进口后进安装、装配、维修和技术服务的费用

B. 进口货物运抵境内输入地点起卸后的运输及其相关费用、保险费

C. 由买方负担的购货佣金以外的佣金和经纪费

D. 进口关税及国内税收

4. 进口货物的成交价格不符合进出口关税条例有关规定的，或者成交价格不能确定的，可以使用（　　）方法估定该货物的完税价格。

A. 相同或类似货物成交价格法　　B. 倒扣价格法

C. 计算价格法　　D. 比较价格法

5. 下列（　　）作为进出口货物免征关税。

A. 无商业价值的广告品和货样

B. 外国政府、国际组织无偿赠送的物资

C. 在海关放行前损失的货物

D. 进出境运输工具装载的途中必需的燃料、物料和饮食用品

6. 某公司从美国进口一批货物，根据关税法律制度的有关规定，在该公司发生的下列费用中，应计人关税完税价格的有（　　）。

A. 支付的卖方佣金

B. 支付给购买方自己的采购代理人的买方佣金

C. 进口货物起卸前的保险费

D. 支付进口货物的专利费

7. 下列各项中，属于关税法定纳税义务人的有（　　）。

A. 进口货物的收货人　　B. 进口货物的代理人

C. 出口货物的发货人　　D. 出口货物的代理人

8. 下列各项目中，不计人进口完税价格的有（　　）。

A. 进口关税及其他国内税

B. 进口设备进口后的维修服务费用

C. 货物运抵我国境内输入地起卸后的运输装卸费

D. 进口货物在境内的复制权费

三、判断题

1. 中华人民共和国准许进出口的货物、进境物品，除法律、行政法规另有规定外，由海关依照规定征收进出口关税。（　　）

2. 进出口货物应当适用海关接受该货物申报进口或者出口之日实施的税率。（　　）

3. 外国政府、国际组织无偿赠送的物资免征关税。（　　）

4. 海关发现海关监管货物因纳税义务人违反规定造成少征或者漏征税款的，应当自纳税义务人应缴纳税款之日起 3 年内追征税款，并从应缴纳税款之日起按日加收少征或者漏征税款万分之三的滞纳金。（　　）

5. 出口货物的成交价格是指该货物出口时卖方为出口该货物应当向买方直接收取和间接收取的价款总额。出口关税应计入完税价格之中。（　　）

6. 出口货物完税价格中不包括货物从内地口岸至最后出境口岸所支付的国内段运输费用。进口货物完税价格包括国内段运费。（　　）

7. 进口完税价格以成交价格为基础，成交价格除货价外，还包括货物送抵我国输入地起卸前的包装、运输、保险及其他劳务费用。（　　）

8. 关税完税价格是纳税义务人向海关申报的价格，即货物实际成交价格。（　　）

9. 我国目前对进出口货物实行比例关税、从量关税、复合关税和滑准关税。
（　　）

10. 关税的征税对象是贸易性商品，不包括入境旅客携带的个人行李和物品。
（　　）

四、计算题

1. 某钢铁厂将钢铁废料500吨报关离境出口，离岸价每吨720美元，汇率1∶6.5，出口关税率为30%。

计算应交关税税额。

2. 某外贸公司3月1日进口一批应税消费品，该批货物的货价为350万元人民币，支付国外运输费40万元，保险费10万元；关税税率为10%，消费税率为30%，增值税率为17%。

要求：根据上述资料，回答下列问题：

（1）计算外贸公司当月进口环节应纳关税；

（2）计算外贸公司当月进口环节应纳消费税；

（3）计算外贸公司当月进口环节应纳增值税。

3. 某进出口公司 2012 年从 A 国进口货物一批，成交价（离岸价）折合人民币 9 000 万元（包括单独计价并经审查属实的货物进口后装配调试费用 60 万元，向境外自己采购代理人支付的买方佣金 50 万元）。另支付入境前运费 180 万元，保险费 90 万元。假设该货物适用的关税税率为 100%，增值税税率为 17%，消费税税率为 5%。

请分别计算该公司进口环节应缴纳的关税、消费税以及增值税。

4. 某进口公司于 2013 年 5 月进口小客车 80 辆，每辆到岸价格为 6 万元人民币。已知小客车汽缸容量为 2 000 毫升以上，可容纳 20 人（该容量消费税税率为 5%），当月小客车的关税税率为 110%。为此，纳税义务人向海关申报缴纳进口关税、进口消费税和进口增值税。经海关核实，纳税义务人申报进口增值税和进口消费税共计人民币 31. 83 万元却不符合有关规定，为什么？

5. 有进出口经营权的某外贸公司，2013 年 11 月发生以下经营业务：

（1）经有关部门批准从境外进口小轿车 30 辆，每辆小轿车货价 15 万元。运抵我国海关前发生的运输费用、保险费用无法确定，经海关查实其他运输公司相同业务的运输费用占货价的比例为 2%。该公司向海关缴纳了相关税款，并取得了完税凭证。

（2）该公司委托运输公司将小轿车从海关运回单位，支付运输公司运输费用，取得运输公司专用发票注明税额 0.63 万元。该公司当月售出小轿车 24 辆，每辆取得含税销售额 40.95 万元，公司自用 2 辆并作为本企业固定资产。

（3）月初将上月购进的价值 40 万元的库存材料，经海关核准委托境外公司加工一批货物。月末该批加工货物在海关规定的期限内复运进境供销售，支付给境外公司加工费 20 万元、进境前的运输费和保险费 3 万元。向海关缴纳了相关税款，并取得了完税凭证。

（4）经查阅资料，小轿车关税税率为 60%，货物关税税率为 20%，增值税税率为 17%，消费税税率为 8%。

请计算小轿车、加工货物在进口环节应缴纳的关税、消费税和增值税以及国内销售环节应缴纳的增值税。

第六章　企业所得税法习题

一、单项选择题

1. 按照现行企业所得税法的规定，下列企业不缴纳企业所得税的是（　　）。

A. 国有企业　　B. 中外合资企业

C. 合伙企业　　D. 外商投资企业

2. 企业发生的公益性捐赠支出，在年度利润总额（　　）以内的部分，准予在计算应纳税所得额时扣除。

A. 33%　　B. 12%

C. 30%　　D. 3%

3. 企业取得的下列所得，适用25%的企业所得税税率的是（　　）。

A. 在中国境内未设立机构、场所的非居民企业取得的来源于境内的所得

B. 在中国境内设立机构、场所的非居民企业取得的来源于境内但与境内所设机构、场所没有实际联系的所得

C. 在中国境内未设立机构、场所的非居民企业取得的来源于境外的所得

D. 在中国境内设立机构、场所的非居民企业取得的来源于境外但与境内所设机构、场所有实际联系的所得

4. 根据《中华人民共和国企业所得税法》的规定，企业外购货物用于下列情形的，不应当视同销售确认收入的是（　　）。

A. 作为原材料投入生产　　B. 奖励给职工

C. 移送至境外分公司　　D. 抵偿债务

5. 根据企业所得税税收优惠政策的规定，下列收入中，属于免税收入的是（　　）。

A. 转让国债取得的收入

B. 非营利组织接受其他单位或者个人捐赠的收入

C. 贷款利息收入

D. 转让股票取得的收入

6. 纳税人在生产经营期间，向非金融机构借款的利息支出，应该（　　）。

A. 按实际发生额扣除

B. 按应纳税所得额10%以内的扣除

C. 按不高于金融机构同类同期贷款利率计算的数额以内的部分扣除

D. 按应纳税所得额5%以内的扣除

7. 某软件生产企业（居民企业）2011 年实际发生的合理的工资、薪金支出 1 100 万元，职工福利费支出 160 万元，职工教育经费支出 40 万元（其中职工培训费用 10 万元），工会经费支出 30 万元。2011 年该企业计算企业所得税时，应调增应纳税所得额（　　）万元。

A. 10　　B. 14

C. 16.50　　D. 26.50

8. 某商业企业 2011 年度权益性投资额为 200 万元，当年 1 月 1 日为生产经营向关联方借入 1 年期经营性资金 600 万元，关联借款利息支出 60 万元，同期银行同类贷款利率为 7%，则该企业在计算 2011 年企业所得税应纳税所得额时，准予扣除的利息支出为（　　）万元。

A. 28　　B. 40

C. 42　　D. 60

9. 某工业企业 2010 年度发生亏损 50 万元，2011 年度盈利 10 万元，2012 年度盈利 80 万元。适用企业所得税税率为 25%，该企业三年共计应缴纳企业所得税（　　）。

A. 10 万元　　B. 20 万元

C. 12.5 万元　　D. 2.5 万元

10. 企业开发新技术、新产品、新工艺发生的研究开发费用，可以在计算应纳税所得额时（　　）扣除。

A. 全额　　B. 加计

C. 减半　　D. 加倍

11. 某企业 2009 年亏损 20 万元，2010 年盈利 4 万元，2011 年又亏损 5 万元，2012 年盈利 7 万元。按照《中华人民共和国企业所得税暂行条例》及其实施细则的规定，该企业 2009 年的亏损不能用（　　）的所得弥补。

A. 2010 年　　B. 2012 年

C. 2014 年　　D. 2015 年

12. 根据《中华人民共和国企业所得税法》的规定，下列选项中，在计算企业所得税应纳税所得额时，不得计算折旧扣除的是（　　）。

A. 未投入使用的新建厂房

B. 以融资租赁方式租入的机器设备

C. 以经营租赁方式租出的写字楼

D. 已足额提取折旧仍继续使用的固定资产

13. 下列税种中，征税对象与计税依据一致的是（　　）。

A. 印花税　　B. 车船税

C. 消费税　　D. 企业所得税

14. 根据《中华人民共和国企业所得税法》的规定，下列各项属于非居民企业的是（　　）。

A. 依法在中国境内成立，或者依照外国（地区）法律成立但实际管理机构在中国境内的企业

B. 依法在中国境内成立，但收入全部来源于境外的企业

C. 依法在中国境外成立，在中国境内设立机构、场所的企业

D. 依法在中国境外成立，在中国境内未设立机构、场所，也没有来源于中国境内所得的企业

15. 下面哪项收入应该征收企业所得税（　　）。

A. 股息、红利等权益性投资收益

B. 财政拨款

C. 依法收取并纳入财政管理的行政事业收费

D. 依法收取并纳入财政管理的政府性基金

16. 企业的下列收入中，哪项是应税收入（　　）。

A. 国债利息收入

B. 符合条件的居民企业之间的股息、红利等权益性投资收益

C. 符合条件的非营利组织的收入

D. 银行存款利息收入

17. 国家需要重点扶持的高新技术企业，减按（　　）的税率征收企业所得税。

A. 20%　　B. 15%

C. 25%　　D. 18%

18. 企业应当自月份或季度终了之日起（　　）日内，向税务机关报送预缴企业所得税申报表，预缴税款。

A. 10　　B. 15

C. 7　　D. 5

19. 某商业企业 2011 年有职工 70 人，资产总额 800 万元，取得生产经营收入 860 万元，所得税税前扣除项目金额合计 850 万元。2011 年度该企业应缴纳企业所得税（　　）万元。

A. 0.30　　B. 2.0

C. 1.60　　D. 0.75

20. 甲居民企业为高新技术企业（已按规定指标申请并经认定），2011 年境内应纳税所得额为 600 万元。甲企业分别在 A、B 两国设有分支机构（我国与 A、B 两国已经缔结避免双重征税协定），在 A 国分支机构的应纳税所得额为 240 万元，已在当地缴纳企业所得税 24 万元；在 B 国分支机构的应纳税所得额为-100 万元。则该企业 2011 年应在境内缴纳企业所得税合计为（　　）万元。

A. 87　　B. 90

C. 102　　D. 126

21. 下列项目中，不属于企业所得税优惠政策的有（　　）。

A. 企业综合利用资源，生产符合国家产业政策规定的产品所取得的收入，减按 90%计入应纳税所得额

B. 国家需要重点扶持的高新技术企业，减按 15%的税率征收企业所得税

C. 企业从事国家重点扶持的公共基础设施项目的投资经营的所得，免征企业

所得税

D. 民族自治地方的自治机关对本民族自治地方的企业应缴纳的企业所得税中属于地方分享的部分，可以决定减征或者免征

22. 某居民企业2011年度自行申报应税收入总额380万元，成本费用总额400万元，当年亏损20万元。经税务机关审核，该企业申报的成本费用总额无法核实，收入核算正确。税务机关确定适用的应税所得率为10%。则该企业2011年应缴纳企业所得税为（ ）万元。

A. 0　B. 3.80

C. 9.50　D. 10

23. 根据《中华人民共和国企业所得税法》的规定，企业的下列各项支出，在计算应纳税所得额时，准予从收入总额中直接扣除的是（ ）。

A. 公益性捐赠支出

B. 转让固定资产发生的费用

C. 生产经营中因违反税收法规，被税务机关处以的滞纳金

D. 向投资者支付的股息、红利等权益性投资收益款项

二、多项选择题

1. 根据《中华人民共和国企业所得税法》的规定，以下属于居民企业的有（ ）。

A. 依法在中国境内成立的个人独资企业

B. 依法在中国境内成立的外商投资企业

C. 境外企业在中国境内设立的办事处

D. 在中国境外成立，但实际管理机构在境内的企业

2. 根据《中华人民共和国企业所得税法》的规定，以下收入中属于免税收入的是（ ）。

A. 国债利息收入

B. 符合条件的居民企业之间的权益性投资收益

C. 在中国境内设立机构、场所的非居民企业从居民企业取得与该机构、场所没有实际联系的权益性投资收益

D. 符合条件的非营利组织的收入

3. 下列项目中，属于企业所得税优惠政策的有（ ）。

A. 安置残疾人员工资准予加计扣除

B. 国家需要重点扶持的高新技术企业，减按15%的税率征收企业所得税

C. 符合条件的小型微利企业，减按20%征收

D. 过渡期内一律减按20%征收

4. 根据《中华人民共和国企业所得税法》的规定，下列固定资产不得计算折旧在税前扣除的有（ ）。

A. 未投入使用的机器、设备

B. 未投入使用的房屋、建筑物

C. 以经营租赁方式租入的固定资产

D. 以融资租赁方式租出的固定资产

5. 以下不得在所得税前扣除的税金包括（　　）。

A. 允许抵扣的增值税　　B. 印花税

C. 出口关税　　D. 企业所得税

6. 计算应纳税所得额时，在以下项目中，不超过规定比例的准予扣除，超过部分准予在以后纳税年度结转扣除的项目是（　　）。

A. 职工福利费　　B. 广告及业务宣传费

C. 职工教育经费　　D. 业务招待费

7. 企业的下列（　　）收入为不征税收入。

A. 财政拨款

B. 依法收取并纳入财政管理的政府性基金

C. 国务院规定的不征税收入

D. 国债利息收入

8. 下列属于居民企业的是（　　）。

A. 注册地与实际管理机构均在中国

B. 注册地或实际管理机构所在地其一在中国

C. 做出和形成企业的经营管理重大决定和决策的地点在中国

D. 依法在中国境内成立，或者依照外国（地区）法律成立但实际管理机构在中国境内的企业

9. 下列项目，在计算企业所得税应纳税所得时准予扣除的是（　　）。

A. 企业发生的诉讼费用　　B. 营业税

C. 营业税滞纳金　　D. 企业发生的劳动保护支出

10. 企业使用或者销售的存货的成本计算方法，可以在（　　）中选用一种。计价方法一经选用，不得随意变更。

A. 先进先出法　　B. 加权平均法

C. 个别计价法　　D. 后进先出法

11. 企业缴纳的下列税金，准予根据有关规定在企业所得税前扣除的有（　　）。

A. 营业税　　B. 土地增值税

C. 企业所得税　　D. 房产税

12. 某企业 2010 年发生的合理的工资、薪金支出 800 万元，职工福利费 120 万元，职工教育经费 30 万元；2011 年发生的合理的工资、薪金支出 1 000 万元，职工福利费 120 万元，职工教育经费 16 万元。根据《中华人民共和国企业所得税法》的规定，下列表述正确的有（　　）。

A. 该企业 2011 年所得税前准予扣除的职工福利费为 120 万元

B. 该企业 2011 年所得税前准予扣除的职工福利费为 128 万元

C. 该企业 2011 年所得税前准予扣除的职工教育经费为 16 万元

D. 该企业 2011 年所得税前准予扣除的职工教育经费为 25 万元

13. 根据《中华人民共和国企业所得税法》的规定，下列表述正确的有（　　）。

A. 企业以企业财产为标的物参加财产保险，按照规定缴纳的保险费准予在所得税前扣除

B. 企业为特殊工种职工支付的人身安全保险费属于商业保险，因此不得在所得税前扣除

C. 企业为职工支付的补充养老保险，在规定范围和标准内的，准予在所得税前扣除

D. 企业按照规定范围和标准为职工支付的失业保险费准予在所得税前扣除

14. 企业在生产、经营活动中发生的下列利息费用，准予据实扣除的有（　　）。

A. 非金融企业向非关联的非金融企业借款的利息支出

B. 非金融企业向金融企业借款的利息支出

C. 企业经批准发行债券的利息支出

D. 金融企业的各项存款利息支出

15. 根据《中华人民共和国企业所得税法》的规定，下列表述正确的有（　　）。

A. 自 2011 年 7 月 1 日起，企业根据其工作性质和特点，由企业统一制作并要求员工工作时统一着装所发生的工作服饰费用，准予税前扣除

B. 按照规定提取的环境保护专项资金，提取后改变用途的，不得在税前扣除

C. 以经营租赁方式租入固定资产发生的租赁费支出，按照租赁期限均匀扣除

D. 以融资租赁方式租入固定资产发生的租赁费支出，按照规定构成融资租入固定资产价值的部分应当提取折旧费用，分期扣除

16. 企业从事下列项目取得的所得，应减半征收企业所得税的有（　　）。

A. 花卉的种植　　B. 内陆养殖

C. 农产品初加工　　D. 农机作业

17（　　）取得的所得，自项目取得第一笔生产经营收入所属纳税年度起，第 1 年至第 3 年免征企业所得税，第 4 年至第 6 年减半征收企业所得税。

A. 企业从事国家重点扶持的公共基础设施项目

B. 企业从事环境保护、节能节水项目

C. 软件开发企业从事软件开发项目

D. 符合条件的节能服务公司实施节能减排技术改造项目

18. 2010 年某居民企业（增值税一般纳税人）购买并实际使用符合规定的环境保护专用设备，取得的增值税专用发票上注明价款 100 万元，增值税税款 17 万元。已知该企业 2010 年度会计利润总额为 30 万元，2011 年度会计利润总额为 50 万元（其中综合利用资源，生产符合国家产业政策规定的产品取得的收入 40 万元）。假定不考虑其

他纳税调整事项，下列表述正确的有（　　）。

A. 该企业 2010 年企业所得税应纳税所得额为 20 万元

B. 该企业 2010 年企业所得税实际应纳税额为 0

C. 该企业 2011 年企业所得税应纳税所得额为 46 万元

D. 该企业 2011 年企业所得税实际应纳税额为 9 万元

三、计算题

1. 某企业经税务机关核定，本年度产品销售收入为 2 000 万元，发生销售费用 380 万元（其中广告费和业务宣传费共计 320 万元，假设广告费和业务宣传费均符合税法规定的条件），发生管理费用 50 万元（其中业务招待费 17 万元）。

请分析税法准予扣除的销售费用和管理费用分别是多少？

2. 某国有企业 2013 年实现营业收入 860 万元，营业成本 320 万元，营业税金及附加 35 万元，投资收益 6 万元（其中国库券利息收入 4 万元，金融债券利息收入 2 万元），营业外收入 20 万元，营业外支出 85 万元（其中赞助某协会 80 万元，意外事故损失 2 万元，被税务局罚款 3 万元），管理费用 280 万元，财务费用 150 万元。

计算该企业本年度应纳的所得税。

3. 某企业 2013 年全年取得收入总额为 3 000 万元，取得租金收入 50 万元；销售成本、销售费用、管理费用共计 2 800 万元；营业外支出中列支 35 万元，其中通过希望工程基金委员会向某灾区捐款 10 万元，直接向某困难地区捐赠 5 万元，非广告性赞助 20 万元。

该企业全年应缴纳多少企业所得税？

4. 假定某企业为居民企业，2013 年经营业务如下：

（1）取得销售收入 2 500 万元。

（2）销售成本 1 100 万元。

（3）发生销售费用 670 万元（其中广告费 450 万元）；管理费用 480 万元（其中业务招待费 15 万元）；财务费用 60 万元。

（4）销售税金 160 万元（含增值税 120 万元）。

（5）营业外收入 70 万元，营业外支出 50 万元（含通过公益性社会团体向贫困山区捐款 30 万元，支付税收滞纳金 6 万元）。

（6）已计入成本、费用中的实发工资总额 150 万元，拨缴职工工会经费 3 万元，支出职工福利费和职工教育经费 29 万元。

计算该企业 2013 年度实际应纳的企业所得税。

5. 某县一家机械制造企业2013年实现税前收入总额2 000万元（其中包括产品销售收入1 800万元、购买国库券利息收入100万元），发生各项成本费用共计1 000万元（其中包括合理的工资薪金总额200万元，业务招待费100万元，职工福利费50万元，职工教育经费2万元，工会经费10万元，税收滞纳金10万元，提取的各项准备金支出100万元）。另外，企业当年购置环境保护专用设备500万元，购置完毕即投入使用。

这家企业当年应纳的企业所得税额是多少（假定企业以前年度无未弥补亏损）？

第七章　个人所得税法习题

一、单项选择题

1. 我国目前个人所得税采用的征收模式是（　　）。

A. 分类征收制　　B. 综合征收制

C. 混合征收制　　D. 分类与综合相结合

2. 根据个人所得税相关法规的规定，下列选项不应当按“工资、薪金所得”项目征收个人所得税的是（　　）。

A. 年终加薪　　B. 劳动分红

C. 投资分红　　D. 劳动津贴

3. 王先生2012年2月退休，每月领取退休工资1 300元，4月份被一家公司聘用，月工资3 600元。2012年4月王先生应缴纳个人所得税（　）元。

A. 3　　B. 42

C. 53　　D. 38

4. 中国公民张某2012年1月由境内单位A派遣到境内外商投资企业B工作，从派遣单位A每月取得薪金收入1 500元，从雇佣单位B每月取得薪金收入7 400元。张某每月应向税务机关申报补缴个人所得税（　）元。

A. 195　　B. 240

C. 120　　D. 525

5. 2011年11月，李某的一篇小说在一家日报上连载两个月，第一个月月末，报社支付稿酬2 000元；第二个月月末，报社支付稿酬10 000元。李某两个月所获稿酬应缴纳的个人所得税为（　）。

A. 1 988元　　B. 1 344元

C. 2 296元　　D. 2 408元

6. 承租人对企业经营成果不拥有所有权，仅是按合同（协议）规定取得一定所得的，其所得适用的个人所得税税率是（　）。

A. 固定税率20%　　B. 三级超额累进税率

C. 五级超额累进税率　　D. 七级超额累进税率

7. 个人所得税的下列所得中，一次收入畸高的，应当加成征收个人所得税的是（　）。

A. 稿酬所得　　B. 特许权使用费所得

C. 租赁所得　　D. 劳务报酬所得

8. 个人出租住房取得的所得，适用的个人所得税税率是（　　）。

A. 5%　　B. 10%

C. 14%　　D. 20%

9. 2013 年 11 月中国公民张某取得工资收入 12 000 元，从中拿出 5 000 元通过光华科技基金会捐赠贫困地区，张某该笔工资薪金收入应缴纳的个人所得税为（　　）元。

A. 253　　B. 245

C. 635　　D. 1 145

10. 2013 年 11 月王某的一篇论文被编入某论文集出版，取得稿酬 5 000 元，当年因添加印数又取得追加稿酬 1 000 元。上述王某所获稿酬应缴纳的个人所得税为（　　）元。

A. 588　　B. 672

C. 840　　D. 887

11. 刘某于 2011 年 10 月从 A 股上市公司分得红利 8 000 元，则其应纳个人所得税为（　　）元。

A. 1 600　　B. 640

C. 800　　D. 1 280

12. 马先生转租住房，2011 年每月取得租金收入 6 000 元。每月发生的合理税费为 340 元，租金支出每月 3 200 元，4 月份发生修缮费用 500 元，均取得合法票据。针对此项业务，4 月份马先生应纳的个人所得税为（　　）元。

A. 116　　B. 232

C. 76　　D. 152

13. 陈某在参加商场的有奖销售过程中，中奖所得共计价值 20 000 元。陈某从中奖收入中拿出 4 000 元通过教育部门向某希望小学捐赠。则陈某实际可得中奖金额是（　　）元。

A. 85 000　　B. 14 000

C. 12 000　　D. 12 800

14. 张三为某企业员工，2011 年 12 月取得当月工资 5 000 元，当月取得季度奖金 1 000 元，同时取得企业发放的年终加薪 80 000 元，则张三当月应缴纳的个人所得税是（　　）元。

A. 45　　B. 18 793

C. 15 590　　D. 15 690

15. 中国公民肖某 2012 年 12 月取得稿酬收入 5 500 元，肖某 12 月稿酬应纳个人所得税（　　）元。

A. 845　　B. 616

C. 805　　D. 825

16. 2011 年 10 月张某由一中方企业派往国内一外商投资企业工作，派遣单位和雇佣单位每月分别支付张某工资 3 000 元和 12 000 元。则雇佣单位每月应代扣代缴张某的个人所得税为（　　）元。

A. 1 065　　B. 1 145

C. 1 105　　D. 1 225

17. 某人某年取得特许权使用费两次，一次收入为 2 000 元，另一次为 5 000 元，则该人共应纳税（　　）元。

A. 1 040　　B. 1 020

C. 1 000　　D. 800

18. 个人的财产转让所得在计征个人所得税时，其应纳税所得额的计算是以财产转让的收入减去财产原值和（　　）。

A. 财产原值的 10%~30%的费用

B. 转让收入的 10%~30%的费用

C. 800 元费用　　D. 合理费用

19. 王某和李某合作提供了一项设计劳务，共取得报酬 30 000 元，其中王某分得 18 000 元，不考虑其他相关税费，则王某应纳的个人所得税是（　　）元。

A. 2 787　　B. 4 350

C. 2 880　　D. 3 120

20. 下列各项中，按照"稿酬所得"征收个人所得税是（　　）。

A. 北京晚报记者在《湖南晚报》上发表文章的所得

B. 北京晚报记者在《北京晚报》发表文章的所得

C. 某大学老师帮出版社审稿的所得

D. 某画家参加笔会现场作画的所得

21. 个人所得税中，对于下列情况，属于在计算居住天数时不扣减在华居住天数的临时离境的是（　　）。

A. 某外籍人员当年度出国四次，每次时间是 25 天

B. 某外籍人员当年度出国一次，每次时间是 35 天

C. 某外籍人员当年度出国三次，时间累计超过 90 天

D. 某外籍人员当年度出国三次，时间累计没有超过 90 天

22. 中国公民潘某为境内某上市公司员工，每月工资 5 000 元。2011 年 2 月潘某获得本公司股票期权（不可公开交易）并在 6 月行权，2011 年 12 月转让了该股票，取得转让净所得 50 000 元。按我国税法规定，潘某 2011 年 12 月的所得应缴纳个人所得税（　　）元。

A. 10 045　　B. 7 520

C. 0　　D. 45

23. 张三 2011 年 11 月购买电冰箱取得单张有奖发票，幸运获取奖金 1 000 元，则张三应纳个人所得税为（　　）元。

A. 0　　B. 20

C. 40　　D. 200

24. 以下属于中国居民纳税人的是（　　）。

A. 美国人甲 2000 年 9 月 1 日入境，2001 年 10 月 1 日离境

B. 日本人乙来华学习 180 天

C. 法国人丙 2000 年 1 月 1 日入境，2000 年 12 月 20 日离境

D. 英国人丁 2000 年 1 月 1 日入境，2000 年 11 月 20 日离境至 12 月 31 日

25. 北京大学的王教授 2002 年获得三笔奖金：教育部颁发的奖金 2 万元；北京市人民政府颁发的奖金 1 万元；海淀区人民政府颁发的奖金 5 000 元。按照《中华人民共和国个人所得税法》的规定，王教授（　　）。

A. 三笔奖金均需缴纳个人所得税

B. 前两笔奖金免缴个人所得税

C. 三笔奖金均免缴个人所得税

D. 后两笔奖金免缴个人所得税

26. 刘某与张某、王某联营投资一家企业，2012 年 3 月刘某和张某、王某发生矛盾，张某、王某决定支付给刘某补偿金 150 万元，以获得刘某的撤资，各方均达成协议，刘某原始投资是 100 万元，投资时另发生相关税费 0.5 万元。刘某上述所得应纳个人所得税（　　）万元。

A. 5　　　　B. 10.4

C. 9.9　　　　D. 10

27 以下关于用企业资金给个人购房的个人所得税处理规定正确的是（　　）。

A. 个人独资企业的个人投资者及家庭成员取得上述所得，按照“利息、股息、红利所得”缴纳个人所得税

B. 个人独资企业以外其他企业的个人投资者取得上述所得，按照“偶然所得”缴纳个人所得税

C. 企业内其他人员取得上述所得，按照“工资、薪金所得”缴纳个人所得税

D. 企业内其他人员取得上述所得，按照“劳务报酬所得”缴纳个人所得税

28. 2011 年 10 月刘某将自有的一项非职务专利技术提供给境外某公司使用，一次性取得特许权使用费收入 60 000 元，该项收入已在境外 A 国缴纳个人所得税 7 800 元，则此业务刘某在境内应补的个人所得税是（　　）元。

A. 3 500　　　　B. 1 600

C. 1 800　　　　D. 9 600

29. 个人所得税扣缴义务人每月所扣的税款，应当在次月（　　）内缴入国库，并向主管税务机关报送有关资料。

A. 7 日　　　　B. 15 日

C. 20 日　　　　D. 30 日

二、多项选择题

1. 下列情况中，属于居民纳税义务人的有（　　）。

A. 在中国境内有住所

B. 2010 年 1 月 1 日到 12 月 31 日在我国境内居住

C. 2010 年 2 月 1 日到 2011 年 1 月 31 日在我国境内居住

D. 2010 年 1 月 1 日到 2010 年 5 月 30 日在我国境内居住

2. 个人所得税的纳税义务人区分为居民纳税义务人和非居民纳税义务人，依据的标准有（　　）。

A. 境内有无住所　　B. 境内工作时间

C. 取得收入的工作地　　D. 境内居住时间

3. 下列各项中，属于个人所得税居民纳税人的有（　　）。

A. 在中国境内无住所，但一个纳税年度中在中国境内居住满 1 年的个人

B. 在中国境内无住所，且在境内居住满 3 个月的个人

C. 在中国境内无住所，但在境内居住超过 6 个月不满 1 年的个人

D. 在中国境内有住所，但在一个纳税年度内实际在境内居住不足 30 天

4. 下列各项中，可以以取得的收入为应纳税所得额直接计征个人所得税的有（　　）。

A. 稿酬所得　　B. 偶然所得

C. 股息所得　　D. 特许权使用费所得

5. 根据个人所得税相关法规的规定，下列项目中，不属于劳务报酬所得的有（　　）。

A. 发表论文取得的报酬

B. 画家拍卖自己的绘画作品取得的所得

C. 将国外的作品翻译出版取得的报酬

D. 高校教师受出版社委托进行审稿取得的报酬

6. 根据个人所得税相关法规的规定，下列所得适用比例税率的有（　　）。

A. 稿酬所得　　B. 利息、股息、红利所得

C. 偶然所得　　D. 财产租赁所得

7. 以下采用定额扣除（800 元）与定率扣除（20%）相结合的费用扣除方法的项目有（　　）。

A. 劳务报酬所得　　B. 特许权使用费所得

C. 财产转让所得　　D. 其他所得

8. 下列所得可以采用五级超额累进税率计缴个人所得税的有（　　）。

A. 个体工商户的生产经营所得　　B. 个人独资企业和合伙企业

C. 承包经营者取得的承租承包所得　　D. 财产租赁所得

9. 下列所得项目中，以一个月内取得的所得为一次的有（　　）。

A. 特许权使用费所得　　B. 股息、红利所得

C. 财产租赁所得　　D. 工资、薪金所得

10. 下列关于个人独资企业的征税规定，表述正确的有（　　）。

A. 投资者及其家庭发生的生活费用与企业生产经营费用难以划分的，全部不允许税前扣除

B. 企业计提的各种准备金不得扣除

C. 实行核定征税的投资者，不能享受个人所得税的优惠政策

D. 企业生产经营和投资者及其家庭生活共用的固定资产，难以划分的，全部不允许税前扣除

11. 下列个人所得税应税项目中，费用扣除采用定额扣除（800 元）或定率扣除（20%）的项目有（　　）。

A. 财产转让所得　　B. 利息、股息、红利所得

C. 特许权使用费所得　　D. 劳务报酬所得

12. 李某转让住房，在计算个人所得税时，可以扣除房屋原值、税金、合理费用，下列属于合理费用的项目有（　　）。

A. 李某拥有住房期间发生的住房装修费用

B. 李某到房管部门办理手续的差旅费支出

C. 李某以按揭贷款的方式购买住房，向贷款银行实际支付的住房贷款利息

D. 按照规定实际支付的公证费

13. 下列与个人任职有关的收入中，可按全年一次性奖金的计税方法计算缴纳个人所得税的有（　　）。

A. 季度奖金

B. 实行年薪制的企业年终兑现的年薪

C. 年终加薪

D. 考勤奖

14. 个人取得下列所得，可以免征个人所得税的有（　　）。

A. 个人取得的储蓄存款利息所得

B. 个人获得的财产保险赔偿所得

C. 某镇人民政府批准成立的有机构、有章程的见义勇为基金，奖励见义勇为者的奖金，并经主管税务机关核准

D. 个人领取原提存的住房公积金

15. 个人取得下列所得，可以减征个人所得税的有（　　）。

A. 残疾人员的所得

B. 见义勇为者的奖金

C. 烈属的所得

D. 个人举报、协查各种违法、犯罪行为而获得的奖金

16. 个人取得下列所得，可以免征个人所得税的有（　　）。

A. 个人转让自用 8 年的一套别墅取得的所得，且别墅属于唯一的家庭居住用房

B. 被拆迁人按规定标准取得的拆迁补偿款

C. 根据国家有关规定制定的生育保险办法，取得的生育津贴

D. 企业债券利息所得

17. 根据规定，年所得 12 万元以上的纳税人在年度终了后，应当自行申报缴纳个人所得税。构成 12 万元所得的项目具体包括（　　）。

A. 工资、薪金所得　　B. 偶然所得

C. 按国家统一规定发放的离休工资　　D. 稿酬所得

18. 2011 年 12 月中国公民钱某取得工资薪金收入 4 000 元，全年一次性奖金 15 000 元，从兼职的甲公司取得收入 3 000 元。下列关于钱某 2011 年 12 月份个人所得税的处理中，正确的有（　　）。

A. 兼职收入应按劳务报酬所得纳税

B. 全年一次性奖金应并入 12 月份工资纳税

C. 全年一次性奖金应单独作为一个月的工资纳税

D. 钱某当月不用缴纳个人所得税

19. 关于个人自行申报缴纳个人所得税的申报地点，下列表述正确的有（　　）。

A. 在中国境内有任职、受雇单位的，向任职、受雇单位所在地主管税务机关申报

B. 从中国境内两处或者两处以上取得工资、薪金所得的，由税务机关确定申报地点

C. 个体工商户向实际经营所在地主管税务机关申报

D. 从中国境外取得所得的，向中国境内户籍所在地主管税务机关申报

三、计算题

1. 某歌星 2013 年 2 月取得以下收入：

（1）当月工资 24 000 元；

（2）当月奖金 10 000 元；

（3）参加两次文艺汇演取得收入 3 200 元和 36 000 元；

（4）从所投资入股的企业取得股息收入 600 元；

（5）为企业做新产品广告收入 180 000 元，并从中拿出 10 000 元通过希望工程基金会捐给了某希望小学。

请计算该歌星 2 月份应纳的个人所得税。

2. 中国公民孙某系自由职业者，2012 年收入情况如下：

（1）出版中篇小说一部，取得稿酬 40 000 元，后因小说加印和报刊连载，分别取得出版社稿酬 5 000 元和报社稿酬 2 000 元。

（2）受托对一电影剧本进行审核，取得审稿收入 20 000 元。

（3）临时担任会议翻译，取得收入 1 000 元。

（4）在 A 国讲学取得收入 50 000 元，在 B 国进行书画展卖，现场作画取得收入 80 000 元，已分别按收入来源国税法规定缴纳了个人所得税 9 500 元和 20 000 元。

计算：

（1）2012 年孙某小说稿酬应缴纳的个人所得税。

（2）2012 年孙某审核剧本应缴纳的个人所得税。

（3）2012 年孙某翻译收入应缴纳的个人所得税。

（4）2012 年孙某境外所得应在我国补交的个人所得税。

（5）2012 年孙某应缴纳的个人所得税合计数。

3. 李某是一位知名作家，2013 年取得以下收入：

（1）3 月出版一本小说取得稿费 50 000 元，某影视公司购买小说的版权，又支付报酬 10 000 元；

（2）3 月份发票单张中奖 1 100 元；

（3）5 月份城市改造，自家院落被拆迁获得拆迁补偿 89 万元；

（4）6 月应邀出国访问期间，举办明清文学历史讲座，国外主办单位支付酬金 2 000 美元，境外缴纳个人所得税 80 美元（外汇牌价 7.5）；

（5）7 月份将市区内闲置的一处住房出租用于他人居住，租期 1 年，每月租金 2 000 元，房产原值 70 万元，当地政府规定减免比例为 30%，已缴纳了营业税、城建税、教育费附加和房产税（印花税忽略不计），8 月发生漏雨修缮费 600 元。

（提示：流转税除提示要求计算外，上述业务均忽略不计算）根据上述资料，按下列序号计算有关纳税事项，每问需计算出合计数：

（1）计算李某 2013 年稿酬所得应缴纳的个人所得税；

（2）计算李某 2013 年特许权使用费所得应缴纳的个人所得税；

（3）计算李某2013年发票中奖所得应缴纳的个人所得税；

（4）计算李某2013年取得拆迁补偿应缴纳的个人所得税；

（5）计算李某2013年取得举办讲座应缴纳的个人所得税；

（6）计算李某2013年出租房屋应缴纳的个人所得税。

4. 中国公民李某为某高校老师，2013年的收入情况如下：

（1）3月份出版一本书，取得稿酬5 000元，该书6~8月被某晚报连载，6月份取得稿费1 000元，7月份取得稿费1 000元，8月份取得稿费1 500元，因该书畅销，9月份出版社增加印数，又取得追加稿酬4 000元；

（2）6月份，购买社会福利彩票中奖8 000元；

（3）当年向两家单位提供专利权使用，一次取得收入为3 000元，另一次取得收入为4 500元；

（4）学校公务用车改革，按月发给用车补贴，6月收到补贴500元，当地规定的公务用车费用扣除标准为每月300元，6月份工资3 300元，当月发放第一季度考核奖金4 000元。

按下列顺序回答问题，每问均为共计金额：

（1）计算李某当年稿酬收入应纳的个人所得税；

（2）计算李某当年社会福利彩票中奖收入应纳的个人所得税；

（3）计算李某提供专利权应纳的个人所得税；

（4）计算李某6月份工资、公务用车补贴和所获第一季度考核奖金应缴纳的个人所得税。

5. 2013 年 5 月，中国公民赵某找到会计师事务所咨询个人所得税事宜如下：

赵某现在某中学担任数学教师，每月的工资标准为 4 000 元，还需要按照所在省规定的办法和比例扣除其负担的住房公积金和各项社会保险费 320 元。赵某在周末的业余时间在某培训学校兼职讲授高考辅导课程，每月 4 次，每次报酬 900 元，但是该培训学校力邀赵某到该校担任教学部主任并讲授数学课程，承诺给赵某的月工资标准为 6 000 元，还需要按照所在省规定的办法和比例扣除其负担的住房公积金和各项社会保险费 520 元。赵某每月还需要在该校讲课 6 天，每天取得报酬 600 元。

赵某咨询：接受或不接受邀请，2013 年 5 月以后每月的应纳的个人所得税是多少？

第八章 资源税法习题

一、单项选择题

1. 下列各项中，不属于资源税纳税人的是（　　）。

A. 境内开采原煤的个体户

B. 境内开采天然气的国有企业

C. 境内开采天然原油的外商投资企业

D. 进口铜矿石的私营企业

2. 根据资源税的有关规定，对于划分资源等级的应税产品，《几个主要品种的矿山资源等级表》中未列举名称的纳税人适用的税率，由省、自治区、直辖市人民政府根据纳税人的资源状况，参照相关表中确定的邻近矿山或者资源状况、开采条件相近矿山的税率标准，在浮动（　　）的幅度内核定，并报（　　）备案。

A. 10%，上一级税务机关　　B. 15%，主管税务机关

C. 30%，财政部和国家税务总局　　D. 50%，省级人民政府

3. 下列各项中，应当征收资源税的是（　　）。

A. 人造石油　　B. 与煤炭同时开采的天然气

C. 选煤　　D. 井矿盐

4. 根据资源税的相关规定，下列说法错误的是（　　）。

A. 资源税采取从价定率或者从量定额的办法计征税款

B. 资源税的税率采取“级差调节”的原则

C. 资源条件好的，资源税税率、税额低一些；资源条件差的，资源税税率、税额高一些

D. 在中华人民共和国领域及管辖海域开采应税资源的矿产品或者生产盐的单位和个人，为资源税的纳税人

5. 2012 年 2 月，某采选矿联合企业自身拥有镍矿石矿，到异地收购同矿种未税镍矿石。在计算代扣代缴资源税时，该矿石适用的税率是（　　）。

A. 税务机关核定的单位税额

B. 镍矿石收购地适用的单位税额

C. 镍矿石原产地适用的单位税额

D. 该联合企业适用的镍矿石单位税额

6. 下列各项中，属于资源税计税依据的是（　　）。

A. 纳税人开采销售原油时的原油数量

B. 纳税人销售矿产品时向对方收取的价外费用

C. 纳税人加工固体盐时使用的自产液体盐的数量

D. 纳税人销售天然气时向购买方收取的销售额及其储备费

7. 某油田一月份生产原油 10 000 吨，其中已销售 8 000 吨，已自用 1 500 吨，另有 500 吨待销售。该油田适用的单位税额为每吨 8 元，其一月份应纳的资源税税额为（　　）。

A. 80 000 元　　　　B. 64 000 元

C. 12 000 元　　　　D. 76 000 元

8. 某油田开采原油 80 万吨，2012 年销售原油 70 万吨，非生产性自用 5 万吨，另有 2 万吨采油过程中用于加热和修井，3 万吨待售。已知该油田每吨原油不含税售价为 5 000 元，适用的资源税税率为 5%，该油田当年应纳的资源税税额为（　　）万元。

A. 17 500　　　　B. 18 750

C. 19 250　　　　D. 20 000

9. 某采矿企业 2011 年 12 月开采原矿 80 000 吨，当月销售原矿 40 000 吨，取得不含税销售收入 380 000 元；另移送部分原矿入选精矿 5 000 吨，选矿比为 40%，已知该企业开采的原矿适用的资源税税额为 5 元/吨，该企业当月应缴纳资源税（　　）元。

A. 400 000　　　　B. 262 500

C. 225 000　　　　D. 1 962 500

10. 某油田 2011 年 10 月共计开采原油 8 000 吨，当月销售原油 6 000 吨，取得销售收入（不含增值税）18 000 000 元，同时还向购买方收取违约金 23 400 元，优质费 5 850 元。已知销售原油的资源税税率为 5%，则该油田 10 月应缴纳的资源税为（　　）元。

A. 900 000　　　　B. 900 250

C. 901 000　　　　D. 901 250

11. 某矿山开采企业开采锌矿石和锰矿石。2013 年 7 月开采锌矿石 400 万吨、锰矿石 15 万吨。本月移送锰矿入选锰精矿 40 万吨并全部销售，选矿比为 20%；销售锌锰矿石原矿 300 万吨，锌矿石和锰矿石销售时未分别核算。该矿山 2013 年 7 月应缴纳资源税（　　）万元（该矿山资源税单位税额为锌矿 10 元/吨，锰矿 2 元/吨）。

A. 3 030　　　　B. 3 400

C. 4 030　　　　D. 6 030

12. 某产盐企业，2011 年 5 月份以外购液体盐 3 000 吨加工成固体盐 600 吨，以自产液体盐 5 000 吨加工成固体盐 1 000 吨，当月销售固体盐 1 500 吨，取得销售收入 300 万元。已知液体盐每吨单位税额 5 元、固体盐每吨单位税额 40 元，该产盐企业 5 月份应缴纳资源税（　　）元。

A. 20 000　　　　B. 35 000

C. 45 000　　　　D. 60 000

13. 下列不应纳资源税的是（　　）。

A. 液态盐　　　　B. 固体盐

C. 煤矿开采的天然气　　D. 黑色金属矿产品

14. 某油田原油价格每吨 6 000 元（不含增值税，下同），天然气每立方米 2 元。2013 年 2 月，该企业生产原油 30 万吨，当月销售 20 万吨，加热、修井用 2 万吨，将 3 万吨原油赠送给协作单位，5 万吨待售；开采天然气 700 万立方米，当月销售 600 万立方米，待售 100 万立方米，原油、天然气的税率均为 5%。该油田 2013 年 2 月应纳资源税（　　）万元。

A. 7 570　　B. 6 970

C. 6 960　　D. 6 060

15. 关于资源税申报与缴纳的说法，正确的有（　　）。

A. 跨省开采的，下属生产单位应纳的资源税应当向核算地缴纳

B. 扣缴义务人代扣代缴的资源税，应当向开采地主管税务机关缴纳

C. 纳税人应纳的资源税，应当向应税资源的开采或生产所在地主管税务机关缴纳

D. 纳税人在本省范围内开采应税资源，纳税地点需要调整的，由省人民政府决定

16. 资源税纳税人自产自用的应税产品，其纳税义务发生时间为（　　）。

A. 应税产品开采的当天　　B. 应税产品投入使用的当天

C. 应税产品使用完毕的当天　　D. 移送使用应税产品的当天

17. 某井矿盐场 2012 年 5 月外购液体盐 2 000 吨用于固体盐的加工，支付含税款项 105.3 万元，取得增值税专用发票，当期自行开采液体盐 5 000 吨，上述外购和自产的液体盐全部投入固体盐生产，当月该盐场销售固体盐 3 000 吨，取得不含税销售额 200 万元。当月应纳的资源税和增值税的合计数为（　　）万元。

A. 16.49　　B. 17.49

C. 18.7　　D. 21.3

18. 某人民团体拥有 A、B 两栋办公楼，A 栋占地 3 000 平方米，B 栋占地 1 000 平方米，2011 年 3 月 31 日至 12 月 31 日期间，该人民团体将 B 栋办公楼出租，当地城镇土地使用税的年税额为每平方米 15 元。该人民团体 2011 年应缴纳城镇土地使用税（　　）元。

A. 3 750　　B. 11 250

C. 12 500　　D. 15 000

19. 某林场位于城镇土地使用税征收区域内，2011 年该林场共占地 3 万平方米，其中办公楼占地 0.4 万平方米，育林地占地 1 万平方米，运材道占地 0.8 万平方米，防火设施占地 0.2 万平方米，林中度假村占地 0.6 万平方米，企业所在地城镇土地使用税年税额 1.5 元/平方米。该企业全年应缴纳的城镇土地使用税（　　）万元。

A. 0.9　　B. 1.35

C. 1.5　　D. 3

20. 下列各项中，应缴纳城镇土地使用税的有（　　）。

A. 国家机关自用的土地　　B. 公园自用的土地

C. 市政街道公共占用的土地　　D. 企业厂区内绿化带占用的土地

21. 某房地产开发企业销售商品房，共取得转让收入 2 600 万元，该项目的扣除项目金额合计为 1 200 万元，其增值率为（　　）。

A. 50%　　B. 53.85%

C. 116.67%　　D. 120%

22. 下列各项中，属于土地增值税征收范围的是（　　）。

A. 出让国有土地使用权　　B. 转让国有土地使用权

C. 出租国有土地使用权　　D. 继承国有土地使用权

23. 房地产开发企业转让房地产的，计算土地增值税时其已缴纳的税金不得单独扣除的是（　　）。

A. 营业税　　B. 城市维护建设税

C. 印花税　　D. 教育费附加

24. 2012 年 3 月某房地产开发公司转让新建普通标准住宅一幢，取得收入 5 000 万元，转让环节缴纳营业税金及附加合计 275 万元，该公司为取得该住宅地的土地使用权支付地价款和有关税费合计 2 000 万元，房地产开发成本 1 000 万元，利息支出 100 万元（能够按房地产项目计算分摊并提供金融机构证明）。该公司所在地政府规定的其他房地产开发费用的计算扣除比例为 5%。该公司应缴纳土地增值税（　　）万元。

A. 0　　B. 140.25

C. 223.75　　D. 262.5

二、多项选择题

1. 我国现行资源税的税目共有七个，其中包括（　　）。

A. 天然矿泉水　　B. 天然气

C. 盐　　D. 原煤

2. 非房地产开发企业在确定土地增值税的扣除项目时，允许作为“与转让房地产有关的税金”项目扣除的税金有（　　）。

A. 营业税　　B. 教育费附加

C. 城市维护建设税　　D. 印花税

3. 下列各项中，属于资源税应税资源的有（　　）。

A. 天然原油　　B. 固态盐

C. 液体盐　　D. 森林

4. 下列各项中，应征资源税的有（　　）。

A. 开采的大理石　　B. 进口的原油

C. 开采的煤矿瓦斯　　D. 销售的原油

5. 下列各项中，不征收资源税的有（　　）。

A. 液体盐　　B. 人造原油

C. 洗煤、选煤　　D. 煤矿生产的天然气

6. 根据资源税相关规定，下列有关资源税纳税义务发生时间的表述正确的有

(　　)。

A. 纳税人采取分期收款结算方式销售应税产品的，其纳税义务发生时间为销售合同规定的收款日期的当天

B. 纳税人采取预收货款结算方式销售应税产品的，其纳税义务发生时间为收到预收款的当天

C. 纳税人采取分期收款结算方式销售应税产品的，其纳税义务发生时间为实际发出货物的当天

D. 纳税人自产自用应税产品的，其纳税义务发生时间为移送使用应税产品的当天

7. 下列各项中，属于法定免征城镇土地使用税的有（　　）。

A. 宗教寺庙自用的土地　　B. 非营利性医疗机构自用的土地

C. 个人所有的居住房屋及院落用地　　D. 个人办的各类学校用地

8. 下列关于城镇土地使用税纳税义务发生时间的表述中，正确的有（　　）。

A. 纳税人购置新建商品房，自房屋交付使用之次月起，缴纳城镇土地使用税

B. 纳税人出租、出借房产，自交付出租、出借房产之次月起，缴纳城镇土地使用税

C. 纳税人新征用的耕地，自批准征用之日起开始缴纳城镇土地使用税

D. 纳税人新征用的非耕地，自批准征用之日起满1年时开始缴纳城镇土地使用税

9. 根据耕地占用税的相关规定，下列说法正确的有（　　）。

A. 耕地占用税采用地区差别定额税率

B. 农村居民占用耕地新建住宅，按照当地适用税额减半征收耕地占用税

C. 耕地占用税以纳税人实际占用的耕地面积为计税依据

D. 耕地占用税的征税范围包括纳税人为建房或从事其他非农业建设而占用的国家所有的耕地，不包括集体所有的耕地

10. 下列各项中，免征耕地占用税的有（　　）。

A. 学校占用耕地　　B. 幼儿园占用耕地

C. 养老院占用耕地　　D. 医院占用耕地

三、计算题

1. 某铜矿企业2013年5月开采铜矿原矿50 000吨，对外直接销售30 000吨，将部分原矿入选精矿5 000吨，全部销售，选矿比1：2.2，铜矿税额每吨1.3元。

该企业应缴纳的资源税是多少？

2. 某房地产开发公司建一住宅出售，取得销售收入 1 800 万元（假定城建税税率为 7%，教育费附加征收率为 3%）。开发此住宅该房地产公司共支付地价款 200 万元，开发成本 400 万元，贷款利息支出无法准确分摊。已知该地区人民政府确定的费用计提比例为 10%。

求该房地产开发公司应缴纳土地增值税。

级数	土地增值额	税率(%)	速算扣除系数(%)
1	增值额未超过扣除项目金额 50%的部分	30	0
2	增值额超过扣除项目金额 50%未超过 100%的部分	40	5
3	增值额超过扣除项目金额 100%未超过 200%的部分	50	15
4	增值额超过扣除项目金额 200%的部分	60	35%

3. 某企业（非房地产开发企业）销售新建商品房一幢，已知该企业支付与商品房相关土地使用权费 800 万元，开发成本 1 000 万元，该公司按房地产项目分摊银行利息，当期允许分摊的利息为 30 万元，并提供了金融机构贷款证明，相关税金 770 万元。房地产开发费用扣除比例为 5%，请分析说明该企业土地增值税允许扣除的金额是否为 2 690 万元？

4. 某单位销售一幢20世纪70年代建造的房屋，售价400万元，房屋原值200万元，现在修建同样的房屋需600万元，该房屋现为四成新，转让时缴纳了各种税金22.2万元。

根据所给资料，回答下列问题：

（1）计算转让旧房计算增值额时，准许扣除的金额；

（2）计算应缴纳的土地增值税（以万元为单位，保留小数点后两位）。

5. 甲企业位于某经济落后地区，2011 年 12 月取得一宗土地的使用权（未取得土地使用证书），2012 年 1 月已按 1 500 平方米申报缴纳城镇土地使用税。2012 年 4 月该企业取得了政府部门核发的土地使用证书，上面注明的土地面积为 2 000 平方米。已知该地区适用每平方米 0.9~18 元的固定税额，当地政府规定的固定税额为每平方米 0.9 元，并另按照国家规定的最高比例降低税额标准。

计算该企业 2012 年应该补交的城镇土地使用税税额。

6. 位于市区的某房地产开发公司 2011 年度开发一栋办公楼，开发该办公楼支付地价款 420 万元，另支付相关税费 15 万元；支付拆迁补偿费 80 万元、基础设施费 100 万元、建筑安装工程费 480 万元，企业全部使用自有资金，未发生借款利息支出；开发完成后将其全部销售给位于同市的某工业企业，签订了销售合同，销售金额共计 2 000 万元。合同载明，工业企业以货币资金 1 500 万元和一宗价值 500 万元的未做任何开发的土地使用权作为支付额。该项土地使用权为工业企业 2 年前以 460 万元购入的（不考虑购入时支付的相关税费）。2011 年 12 月工业企业支付了 1 500 万元的银行存款并办理了土地使用权产权转移手续，并按规定缴纳了印花税。已知当地省政府规定，房地产开发费用的扣除比例为 9%。

按下列序号计算回答问题，每问需计算出合计数：

（1）计算房地产开发公司销售办公楼的土地增值额时可扣除的开发成本。

（2）计算房地产开发公司销售办公楼的土地增值额时可扣除的开发费用。

（3）计算房地产开发公司销售办公楼的土地增值额时可扣除的与转让房地产有关的税金。

（4）计算房地产开发公司销售办公楼的土地增值额。

（5）计算房地产开发公司销售办公楼应纳的土地增值税。

（6）计算工业企业以土地使用权支付购买办公楼价款应缴纳的营业税、城建税及教育费附加。

（7）计算工业企业以土地使用权支付购买办公楼价款应缴纳的土地增值税。

第九章　财产、行为等其他税法习题

第一节　房产税习题

一、单项选择题

1. 纳税人经营自用的房屋的计税依据是（　　）。

A. 房屋原值　　B. 房屋净值

C. 市场价格　　D. 计税余值

2. 不征房产税的地域是（　　）。

A. 城市　　B. 县城和建制镇

C. 工矿区　　D. 农村

3. 赵某有两处房产，一处原值60万元的供自己和家人居住，另一处原值20万元的房产于2011年7月1日出租给王某居住，按市场价每月收取租金收入1 200元。赵某当年应缴纳的房产税为（　　）元。

A. 288　　B. 576

C. 840　　D. 864

二、多项选择题

1. 下列房产税免税项目的是（　　）。

A. 人民团体自用的房产　　B. 事业单位的业务用房

C. 个人所有的非营业用房　　D. 宗教寺庙出租的房屋

2. 按照《中华人民共和国房产税暂行条例》的规定，房产税以在征税范围内的房屋产权所有人为纳税人。下列各项表述中，不正确的是（　　）。

A. 房屋产权出典的，以出典人为纳税人

B. 产权属于集体和个人所有的，以集体单位和个人为纳税人

C. 房屋产权所有人不在房屋所在地的，以代管人或使用人为纳税人

D. 房屋产权未确定及租典纠纷未解决的，以购房人为纳税人

3. 下列可能是目前房产税的实际使用税率有（　　）。

A. 3%　　B. 1.2%

C. 12%　　D. 4%

三、判断题

1. 房产税的征税对象是房屋，由于房屋属于不动产，所以与房屋不可分割的各种附属设备也作为房屋一并征税，上述各种附属设备包括独立于房屋之外的建筑物，如水塔、烟囱等。（　　）

2. 农民王某于2013年将他在本村价值20万元的楼房出租，取得年租金收入3 000元。按照房产税从租计征的规定计算，王某当年应缴纳房产税360元。（　　）

3. 对个人按市场价格出租的居民住房，可暂按其租金收入征收4%的房产税。（　　）

4. 个人所有的房产，除出租者外，一律免征房产税。（　　）

四、计算题

某企业拥有A、B两栋房产，A栋自用，B栋出租。A、B两栋房产在2011年1月1日时的原值分别是1 200万元、1 000万元，2011年4月B栋房产租赁到期。自2011年5月1日起，该企业由A栋搬到B栋办公，同时对A栋房产开始进行大修至2011年年底完工，企业出租B栋房产的月租金为10万元，地方政府确定按房产原值减除20%后的余值计税。

计算该企业当年该缴纳的房产税。

第二节　车船税习题

一、单项选择题

1. 下列不享受车船税税收优惠的是（　　）。

A. 捕捞、养殖渔船　　B. 军队车船

C. 警用车船　　D. 某企业车船

2. 车船税实行（　　）。

A. 比例税率　　B. 定额税率

C. 累进税率　　D. 累退税率

3. 车船税的纳税地点为（　　）。

A. 车辆所在地　　B. 车辆行驶地

C. 纳税人所在地　　D. 车船登记地

二、多项选择题

1. 下列车船中，以自重吨位作为车船税计税依据的有（　　）。

A. 载客汽车　　B. 载货汽车

C. 船舶　　D. 专项作业车

2. 车船税征税过程中，以“辆”为计税依据的有（　　）。

A. 电车　　B. 载货汽车

C. 专项作业车　　D. 中型客车

3. 下列关于车船税表述正确的有（　　）。

A. 属于行为税类

B. 实行从量定额征收

C. 适用于在我国境内拥有或管理车船的所有单位和个人，但不包括外商投资企业

D. 按年申报纳税

三、判断题

1. 车船税采取的是按年计征分期预缴的办法。（　　）

2. 车船的所有人或者管理人未缴纳车船税的，使用人应当代为缴纳车船税。（　　）

四、计算题

1. 某船运公司2012年拥有旧机动船10艘，每艘净吨位1 500吨；拥有拖船2艘，每艘发动机功率500马力。当年8月新购置机动船4艘，每艘净吨位2 000吨。该公司船舶适用的年税额为净吨位201~2 000吨的，每吨4元（已知2马力=1吨）。

计算该公司当年应纳车船税。

2. 某运输公司拥有载货汽车 15 辆（货车载重净吨位全部为 10 吨）；乘人大客车 20 辆，小客车 10 辆。计算该公司应纳车船税（注：载货汽车每吨年税额 80 元，乘人大客车每辆年税额 500 元，小客车每辆年税额 400 元）。

计算该运输公司全年应纳车船税。

第三节　车辆购置税习题

一、单项选择题

1. 车辆购置税的税率是（　　）

A. 10%　　B. 13%

C. 17%　　D. 33%

2. 某人参加一项有奖活动，中的奖是一辆微型客货两用车，发奖机构提供的价格为 35 000 元，但根据国家税务局的规定，该种车的最低计税价格为 40 000 元，该车辆购置税的计税依据是（　　）。

A. 3 500　　B. 35 000

C. 37 500　　D. 40 000

3. 有关纳税期限的错误说法是（　　）。

A. 购买自用的应税车辆，自购买之日起 60 天内申报纳税

B. 进口自用的应税车辆，自进口之日起 60 天内申报纳税

C. 自产自用的应税车辆，自投入使用前 60 天内申报纳税

D. 获奖的应税车辆，自取得之日起 60 天内申报纳税

二、多项选择题

1. 下列车辆免交车辆购置税的是（　　）。
   A. 外国驻华使馆、领事馆和国际组织驻华机构及其外交人员自用的车辆
   B. 设有固定装置的非运输车辆
   C. 森林消防车
   D. 回国服务的在外留学人员用现汇购买的 1 辆国产小汽车
2. 属于车辆购置税的应税车辆有（　　）。
   A. 汽车　　B. 摩托车
   C. 电车　　D. 自行车
3. 车辆购置税的计税依据是（　　）。
   A. 支付的全部价款和价外费用　　B. 最低计税价格
   C. 关税完税价+关税+消费税　　D. 支付的全部价款（含增值税）
4. 进口自用车辆计算缴纳车辆购置税的计税价格包括（　　）。
   A. 关税完税价格　　B. 关税
   C. 增值税　　D. 消费税

三、判断题

1. 车辆购置税的纳税人是销售应税车辆的单位和个人。（　　）

2. 设有固定装置的非运输车辆，如挖掘机、平地机、叉车、装载车（铲车）、起重机（吊车）、推土机等工程机械，免税。（　　）

3. 车辆购置税的计税依据随车辆来源不同而不尽相同。（　　）

4. 一公司进口 3 辆小轿车用于在国内销售，其在进口环节应计算缴纳车辆购置税。（　　）

5. 只要购置机动车辆，均应缴纳车辆购置税。（　　）

6. 若所购置的应税车辆不需办理登记注册手续，也可不办理纳税申报。（　　）

四、计算题

1. 北国工程公司于 4 月 12 日开出转账支票一张，从某汽车市场购入小汽车一辆，价款 175 500 元（含增值税）。

计算应纳车辆购置税。

2. 东方外贸进出口公司经批准从国外进口 10 辆宝马小轿车，该公司报关进口该批小轿车时，核定关税完税价格为 215 000 元/辆，海关征收关税 60 200 元/辆，代征增值税 58 480 元/辆、消费税 68 800 元/辆。该公司将 3 辆宝马小轿车在本单位使用。

计算应纳车辆购置税。

3. 某工程公司收到某汽车厂作为投资投入的载货汽车一辆，国家税务总局规定的最低计税价格为 40 000 元。

计算应纳车辆购置税。

第四节　契税法习题

一、单项选择题

1. 契税是以所有权发生转移的不动产为征税对象，向（　　）征收的一种税。

A. 产权承受人　　B. 产权所有人

C. 产权中介人　　D. 产权登记人

2. 下列应征契税的是（　　）。

A. 国有土地使用权出让　　B. 房屋使用权等价交换

C. 房地产分割　　D. 房地产出租

3. 王某和刘某约定交换房屋有所权，王某的房屋价值40万，刘某的房屋价值65万。假设适用4%的契税税率，则该房屋交换行为应缴纳的契税为（　　）。

A. 1万元

B. 4.2万元

C. 王某缴纳1.6万元，刘某缴纳2.6万元

D. 双方自愿交换房屋，不涉及货币流通，不需要缴纳契税

4. 下列免缴契税的是（　　）。

A. 国家机关办公用房　　B. 以房产对外投资

C. 土地使用权转让　　D. 房屋买卖

5. 符合契税减免税规定的纳税人，向土地、房屋所在地征收机关办理减免税手续的期限为签订转移产权合同后的（　　）。

A. 5日内　　B. 7日内

C. 10日内　　D. 30日内

6. 某公司2013年发生两笔互换房产业务，并已办理相关手续。第一笔换出的房产价值500万元，换进的房产价值800万元；第二笔换出的房产价值600万元，换进的房产价值300万元。已知当地政府规定的契税税率为3%，该公司应缴纳契税（　　）万元。

A. 0　　B. 9

C. 18　　D. 33

7. 下列各项中，契税计税依据可由征收机关核定的是（　　）。

A. 土地使用权出售　　B. 国有土地使用权出让

C. 土地使用权赠与　　D. 以划拨方式取得土地使用权

二、多项选择题

1. 属于契税征税范围的有（　　）。

A. 房屋赠与　　B. 房屋买卖

C. 以房产抵债　　D. 房产作股权转让

2. 下列各项中，（　　）发生契税应税行为，属于契税的纳税人。

A. “三资”企业　　B. 国有企业

C. 个体工商户　　D. 外籍公民

3. 下列免征契税的有（　　）。

A. 学校教学用房

B. 城镇职工第一次购买公有住房

C. 被县以上政府征用的房屋

D. 翻新建房

4. 下列各项中，按税法规定应缴纳契税的有（　　）。

A. 农民承包荒山造林的土地　　B. 银行承受企业抵债的房产

C. 科研事业单位受赠的科研用地　　D. 劳动模范获得政府奖励的住房

5. 根据契税的有关规定，有些特殊方式转移土地、房屋权属的，也将视同土地使

用权转让、房屋买卖行为征收契税。这些特殊方式有（　　）。

A. 以土地、房屋权属作价投资

B. 以土地、房屋权属抵偿债务

C. 以获奖方式承受土地、房屋权属

D. 企业分立中承受原企业的土地、房屋权属

6. 按照契税的有关规定，下列表述正确的有（　　）。

A. 房屋赠与免征契税

B. 契税由承受人纳税，即买方纳税

C. 第一次购买住房的个人应征收契税

D. 契税的纳税人也包括外籍个人

7. 下列以成交价格为依据计算契税的有（　　）。

A. 土地使用权赠与　　B. 土地使用权出让

C. 土地使用权出售　　D. 房屋买卖

三、判断题

1. 境内承受转移土地、房屋权属的单位和个人为契税的纳税人，但不包括外商投资企业和外国企业。（　　）

2. 房屋交换，双方都不缴纳契税。（　　）

3. 某国有企业将无偿划拨方式取得的土地使用权转让，免交契税。（　　）

4. 在企业分立中，存续分立的企业承受原企业土地、房屋权属的，不征收契税；新设分立的企业承受原企业土地、房屋权属的，也不征收契税。（　　）

5. 以竞价方式出让土地，其契税计税依据的价格为竞价的成交价格。（　　）

6. 纳税人须持契税完税凭证和其他资料，向房地产管理部门办理房地产变更登记手续。（　　）

7. 企业合并中，新设方或者存续方承受被解散方土地、房产权属，如合并前各方为相同投资主体的，不征契税，其余的则征收契税。（　　）

8. 契税实行比例税率和定额税率两种税率。（　　）

四、计算题

居民甲某有四套房，将一套价值120万元的别墅折价给乙某抵偿了100万元的债务；用市场价值70万元的两套两室住房与丙某换了一套四室住房，另取得丙某赠送价值12万元的小轿车一辆；将第四套市场价值50万元的公寓房折成股份投入本人独资经营的企业。当地确定的契约税税率为3%。

计算甲、乙、丙应纳的契税。

第五节　印花税习题

一、单项选择题

1. 应纳印花税的凭证应当于（　　）时贴花。

A. 年度内　　B. 书立或领受时

C. 履行完毕时　　D. 开始履行时

2. 下列凭证中，应缴纳（贴）印花税的有（　　）。

A. 税务登记证　　B. 卫生许可证

C. 工商营业执照　　D. 结婚证

3. 某电厂与某水运公司签订一份运输保管合同，合同载明的费用为 500 000 元运费和保管费未分别记载。货物运输合同的印花税税率为万分之五，仓储保管合同的印花税税率为 1‰，该项合同双方各应缴纳的印花税额为（　　）。

A. 500 元　　B. 250 元

C. 375 元　　D. 1 000 元

4. 下面关于印花税适用税率运用的表述中，正确的是（　　）。

A. 加工承揽合同适用税率为 0.5‰

B. 财产保险合同与技术合同都适用 1‰的税率

C. 建筑安装工程承包合同与购销合同适用 3‰税率

D. 营业账簿中记载资金的账簿，单位税额每件 5 元

二、多项选择题

1. 某单位有下列权利许可证照，应贴印花税票得有（　　）。

A. 房屋产权证　　B. 工商营业执照

C. 卫生许可证　　D. 税务登记证

2. 记载资金的账簿按（　　）。

A. 实收资本　　B. 固定资产

C. 资本公积　　D. 流动资金

3. 下列应税凭证中，可免印花税的有（　　）。

A. 无息、贴息贷款合同

B. 合同的正本和抄本

C. 外国政府和国际金融组织向我国企业提供的优惠贷款所书立的合同

D. 国家指定收购部门与村民委员会书立的农产品收购合同

4. 下列项目中，属于我国印花税产权转让书据征收范围的有（　　）。

A. 财产所有权　　B. 公民诉讼权

C. 商标专用权　　D. 民事纠纷权

5. 印花税税率的形式有（　　）。

A. 定额税率　　　　B. 超额累进税率

C. 比例税率　　　　D. 货物运输单据

三、判断题

1. 印花税征税范围包括所有合同。（　　）

2. 纳税人购买了印花税票，就等于履行了纳税义务。（　　）

3. 对应税凭证，凡由两方或两方以上当事人共同书立的，其当事人各方都是印花税的纳税人，应各就其所持凭证的计税金额履行纳税义务。（　　）

4. 印花税实行比例税率和定额税率两种税率，现行适用的比例税率，最高的是最低的 20 倍。（　　）

5. 印花税的税率有两种形式，即比例税率和定额税率，加工承揽合同适用比例税率，税率为 0.05‰；营业账簿适用于定额税率，税率为每件 5 元。（　　）

6. 货物运输合同的计税依据为取得的运输费金额，包括所运货物的金额、装卸费和保险费等。（　　）

四、计算题

1. 某企业 2013 年 1 月开业，当年发生以下有关业务：领受房屋产权证、工商营业执照、土地使用证各 1 件；与其他企业订立转移专用技术使用权书据 1 份，所载金额 100 万元；订立产品购销合同 1 份，所载金额 200 万元；订立借款合同 1 份，所载金额 400 万元；企业记载资金的账簿，“实收资本”、“资本公积”为 800 万元；其他营业账簿 10 本。

计算该企业 2013 年应纳印花税。

2. 某交通运输企业 12 月签订以下合同：

（1）与某银行签订融资租赁合同购置新车 15 辆，合同载明租赁期限为 3 年，每年支付租金 100 万元；

（2）与某客户签订货物运输合同，合同载明货物价值 500 万元，运输费用 65 万元（含装卸费 5 万元，货物保险费 10 万元）；

（3）与某运输企业签订租赁合同，合同载明将本企业闲置的总价值 300 万元的 10 辆货车出租，每辆车月租金 4 000 元，租期未定；

（4）与某保险公司签订保险合同，合同载明为本企业的 50 辆车上第三方责任险，每辆车每年支付保险费 4 000 元。

计算该企业当月应缴纳的印花税。

第六节　城市维护建设税法与教育费附加习题

一、单项选择题

1. 国务院决定，自 2010 年 12 月 1 日起，对外资企业征收（　　）。

A. 城建税　　B. 教育费附加

C. 城建税和教育费附加　　D. 车船税

2. 单位和个人发生下列（　　）行为，在缴纳相关税种的同时，还应缴纳城建税。

A. 私营企业销售货物　　B. 工资薪金所得

C. 企业购置车辆　　D. 个人取得有奖发票中奖所得

3. 下列情况中，符合城建税有关规定的是（　　）。

A. 个体经营者不缴纳城建税

B. 流动经营的纳税人在经营地缴纳城建税

C. 流动经营的纳税人在居住地缴纳城建税

D. 城建税的减免只有省、市、自治区政府有权决定

4. 下列说法正确的有（　　）。

A. 只要缴纳增值税就要缴纳城建税

B. 同时缴纳增值税、消费税、营业税的纳税人才能成为城建税的纳税人

C. 只要退还“三税”就退还城建税

D. 城建税的纳税人是缴纳增值税、消费税、营业税的单位和个人

5. 下列项目中，不作为城建税计税依据的是（　　）。

A. 纳税人被认定为偷税少缴的增值税税款

B. 纳税人被认定为抗税少缴的消费税税款

C. 纳税人欠缴的营业税

D. 对欠缴增值税加收的滞纳金

二、多项选择题

1. 城建税适用的税率有（　　）。

A. 7%　　B. 5%

C. 3%　　D. 1%

2 以下关于城建税、教育费附加的说法正确的是（　　）。

A. 对出口产品退还增值税、消费税的，也退还已缴纳的城建税

B. 进口环节代征增值税的，要代征教育费附加

C. 对增值税实行先征后返办法的，一般情况下附征的城建税不予退还

D. 纳税人直接缴纳“三税”的，在缴纳“三税”地缴纳城建税

三、判断题

1. 自 2010 年 12 月 1 日起，城建税和教育费附加将统一适用外资企业。（　　）

2. 由受托方代收代缴消费税的，应代收代缴的城市维护建设税按委托方所在地的适用税率计算。（　　）

3. 城市维护建设税的计税依据为纳税人实际缴纳的增值税、消费税、营业税税额和查补增值税、消费税、营业税的税额，以及对纳税人违反增值税、消费税、营业税法规而加收的滞纳金和罚款。（　　）

4. 生产企业自营出口或委托外贸企业代理出口的自产货物在出口产品退还增值税、消费税时，一并退还已缴纳的城建税；有出口经营权的外贸企业收购后直接出口或委托其他外贸企业代理出口的货物在出口产品退还增值税、消费税时，不退还已缴纳的城建税。（　　）

5. 某外贸企业进口一批小汽车，其进口汽车可按 1% 的最低档税率征城建税。（　　）

四、计算题

1. 某市嘉源公司 2010 年 12 月份实际缴纳增值税 15 000 元、消费税 8 000 元、营业税 500 元。

计算应纳的城建税。

2. 某县城一家食品加工企业为增值税小规模纳税人，2011 年第 2 季度购进货物取得普通发票销售额合计 50 000 元，销售货物开具普通发票销售额合计 70 000 元，出租设备取得收入 10 000 元。

计算当期应纳的城建税和教育费附加。

第十章　税收征收管理法习题

一、单项选择题

1. 下列不属于税收征管法适用范围的税种是（　　）。

A. 营业税　　B. 土地增值税

C. 关税　　D. 城建税

2. 一般情况下，从事生产经营的纳税人必须将账簿、会计凭证、完税凭证保存（　　）。

A. 20 年　　B. 15 年

C. 10 年　　D. 5 年

3. 从事生产经营的纳税人应当自领取税务登记证之日起（　　）日内，将其会计制度或财务会计处理办法报送税务机关备案。

A. 20　　B. 15

C. 10　　D. 5

4. 税法规定，纳税人不能按期申报纳税，扣缴义务人不能按期报送代扣代缴税款报告的，（　）。

A. 直接延期　　B. 经税务机关核准，可以延期申报

C. 不申报　　D. 并入下月一起申报

5. 因扣缴人、纳税人计算错误原因导致未交或少交税款的，税务机关在 3 年内可以追征税款；有特殊情况的，追征期可以延长到（　）年。

A. 10　　B. 5

C. 6　　D. 20

6. 纳税人因有特殊困难，不能按期缴纳税款的，经省、自治区、直辖市国家税务局、地方税务局批准，可以延期缴纳税款，但是最长不得超过（　　）个月。

A. 1　　B. 2

C. 3　　D. 6

7. 纳税人未按照规定期限缴纳税款的，扣缴义务人未按照规定期限解缴税款的，税务机关除责令限期缴纳外，从滞纳税款之日起，按日加收滞纳税款（　　）的滞纳金。

A. 千分之五　　B. 万分之五

C. 千分之二　　D. 千分之三

8. 以暴力拒不缴税款，情节严重的，处刑罚并判处罚金，罚金数额为拒缴税款的

（　　）。

A. 1倍以上，10倍以下　　B. 3倍以上，10倍以下

C. 1倍以上，3倍以下　　D. 1倍以上，5倍以下

9. 从事生产、经营的纳税人应当自领取营业执照或者发生纳税义务之日起（　　）日内，按照国家有关规定设置账簿。

A. 10　　B. 15

C. 20　　D. 30

10. 扣缴义务人应当自税收法律、行政法规规定的扣缴义务发生之日起（　　）日内，按照所代扣、代收的税种，分别设置代扣代缴、代收代缴税款账簿。

A. 5　　B. 10

C. 15　　D. 20

11. 某股份公司已办理了税务登记，现因章程规定的生产经营期限届满而解散，该公司应办理（　　）。

A. 变更税务登记　　B. 解散税务登记

C. 停业税务登记　　D. 注销税务登记

12. 某公司拖欠2004年营业税32万元，催缴无效，经县税务局长批准，2005年3月税务机关书面函告该公司开户银行冻结其存款40万元，这一行政行为属于（　　）。

A. 提供纳税担保　　B. 税收保全措施

C. 强制征收措施　　D. 税务行政协助

二、多项选择题

1. 纳税人有下列（　　）行为之一的，由税务机关责令限期改正，可以处2 000元以下的罚款；情节严重的，处2 000元以上10 000元以下的罚款。

A. 未按照规定的期限申报办理税务登记、变更或者注销登记的

B. 未按照规定设置、保管账簿或者保管记账凭证和有关资料的

C. 未按照规定将财务、会计制度或者财务、会计处理办法和会计核算软件报送税务机关备查的

D. 未按时缴纳税款的

2. 纳税人有下列（　　）情形之一的，属于税收征管法所称特殊困难。

A. 地震导致纳税人发生较大损失

B. 当期货币资金在扣除应付职工工资、社会保险费后，不足以缴纳税款的

C. 领导人外出未归，资金得不到审批支付税款

D. 特定银行存款被企业指定为专用设备采购才可以动用

3.《税收征管法》规定的税款征收方式有（　　）。

A. 查验征收　　B. 查定征收

C. 委托征收　　D. 查账征收

4. 税务机关可以采取下列（　　）强制执行措施。

A. 从其存款中扣缴税款

B. 冻结纳税人的金额相当于应纳税款的存款

C. 扣押、查封纳税人的价值相当于应纳税款的商品、货物或者其他财产

D. 拍卖或者变卖商品所得抵缴税款

5. 纳税申报的方式有（　　）。

A. 直接申报　　B. 邮寄申报

C. 数据电文　　D. 简并征期

6. 税收征收管理法律制度中的三个重要的环节是（　　）。

A. 税务登记　　B. 税务检查

C. 税务管理　　D. 税款征收

7. 纳税人办理税务登记后，如发生下列（　　）情形之一，应当办理变更税务登记。

A. 改变经济性质或经济类型　　B. 改变住所和经营地点

C. 改变生产经营或经营方式　　D. 增减注册资本

8. 纳税人办理下列（　　）事项时，必须持税务登记证件。

A. 开立银行账户　　B. 领购发票

C. 办理停业、歇业　　D. 申请减税、免税、退税

9. 税务检查的形式有（　　）。

A. 分类计划检查　　B. 重点检查

C. 临时性检查　　D. 专项检查

10. 下列选项中，属于税务检查的方法有（　　）。

A. 顺查法　　B. 逆查法

C. 调账检查法　　D. 现场检查法

11. 税务登记内容包括（　　）。

A. 变更税务登记　　B. 开业税务登记

C. 停业税务登记　　D. 注销税务登记

12. 强制执行措施的适用范围不包括（　　）。

A. 扣缴义务人　　B. 从事生产的纳税人

C. 从事经营的纳税人　　D. 纳税担保人

三、判断题

1. 税务机关、税务人员以及经税务机关委托的单位和人员外，任何单位和个人不得进行税款征收活动。（　　）

2. 扣缴义务人依照法律、行政法规的规定履行代扣、代收税款的义务。对法律、行政法规没有规定负有代扣、代收税款义务的单位和个人，税务机关不得要求其履行代扣、代收税款义务。（　　）

3. 省级人民政府对个别税种可以根据当地情况做出的减税、免税的行政决定，当地税务机关可以执行，但要向上级税务机关报告。（　　）

4. 未按照规定办理税务登记的从事生产、经营的纳税人以及临时从事经营的纳税

人，由税务机关核定其应纳税额，责令缴纳；不缴纳的，税务机关可以扣押其价值相当于应纳税款的商品、货物。（ ）

5. 税务机关有根据认为从事生产、经营的纳税人有逃避纳税义务行为的，可以在规定的纳税期之前，责令限期缴纳应纳税款；在限期内发现纳税人有明显的转移、隐匿其应纳税的商品、货物以及其他财产或者应纳税的收入的迹象的，税务机关可以责成纳税人提供纳税担保。（ ）

6. 税务机关扣押商品、货物或者其他财产时，必须开付收据；查封商品、货物或者其他财产时，必须开付清单。（ ）

7. 欠缴税款的纳税人在处分其不动产或者大额资产之前，应当向税务机关报告。

（ ）

8. 因纳税人、扣缴义务人因偷税、计算错误等失误，未缴或者少缴税款的，税务机关在三年内可以追征税款、滞纳金；有特殊情况的，追征期可以延长到五年。

（ ）

9. 扣缴义务人未按照规定设置、保管代扣代缴、代收代缴税款账簿或者保管代扣代缴、代收代缴税款记账凭证及有关资料的，由税务机关责令限期改正，可以处 2 000 元以下的罚款；情节严重的，处 2 000 元以上 10 000 元以下的罚款。（ ）

10. 纳税人、扣缴义务人编造虚假计税依据的，由税务机关责令限期改正，并处 10 000 元以下的罚款。（ ）

四、案例分析

B 县某一般纳税人办理开业登记以来一直未申报纳税。针对该纳税人一直未办理纳税申报的事实，县税务稽查局在履行有关税务稽查手续后，对其进行了税务稽查，经过检查确认，该企业偷税 40 000 元，在履行了规定的听证手续后，按照有关法规分别下达了税务处理决定书和行政处罚决定书，责令其补缴税款和滞纳金，并对其做出罚款一倍处理。

针对以上情况，回答以下问题：

1. 针对纳税人的未进行纳税申报行为，税务机关可以采取的行政措施是（ ）。

A. 责令纳税人限期改正，并处 2 000 元以下罚款

B. 责令纳税人限期改正，逾期不改的，罚款 2 000 元以下罚款

C. 经过税务机关通知申报，纳税人申报仍不申报，属于违反一般税务管理规定的行为

D. 经过税务机关通知申报，纳税人申报仍不申报，属于偷税行为

2. 案中所说的税务稽查手续是指税务检查人员应当遵守有关规定，这些规定是指（ ）。

A. 出示税务检查证

B. 应当至少两人实施税务检查

C. 应当在检查前下达税务检查通知书

D. 由县以上税务机关开具介绍信

3. 如果纳税人有转移财产的嫌疑，税务机关可以实施税收保全。关于税收保全，下列说法中正确的是（　　）。

A. 采取税收保全行为，应当经过县以上税务稽查局局长批准

B. 采取税收保全行为，应当经过县以上税务局局长批准

C. 采取税收保全行为，税务机关应先责令纳税人提供纳税担保

D. 税收保全范围包括存款和商品，不包括其他财产

4. 如果税务机关对纳税人实施强制执行，下列说法中正确的是（　　）。

A. 强制执行的财产价值应当相当于税款部分的价值，其滞纳金可以同时执行

B. 税务机关可对纳税担保人的担保财产强制执行

C. 强制执行应当经过地市以上税务局长批准

D. 税务机关可自己执行，也可以申请人民法院执行

第一章　税法概论习题参考答案

一、单项选择题

1.【答案】D

【解析】税收是政府为了满足社会公共需要，凭借政治权力，强制、无偿地取得财政收入的一种形式。

2.【答案】C

【解析】税收是国家取得财政收入的一种重要工具，其本质是一种分配关系。

3.【答案】C

【解析】税法属于义务性法规。广义概念上的税法包括所有调整税收关系的法律、法规，规章和规范性文件，是税法体系的总称。我国的立法体制是全国人民代表大会及其常务委员会行使立法权，制定法律，是制定法而非习惯法。A、B、D 均错误。税收的特征是强制性、无偿性和固定性，故 C 正确。

4.【答案】C

【解析】程序法优于实体法原则基本含义为，在诉讼发生时，税收程序法优于税收实体法适用。实行这一原则是为了确保国家课税权的实现，不因争议的发生而影响税款的及时、足额入库。

5.【答案】A

【解析】税法的生效主要分为三种情况：一是税法通过一段时间后开始生效；二是税法自通过发布之日起生效；三是税法公布后授权地方政府自行确定实施日期。

6.【答案】B

【解析】税法适用原则包括：法律优位原则；法律不溯及既往原则；后法优于先法原则；特别法优于普通法原则；实体法从旧，程序法从新原则；程序法优于实体法原则。B 为法律溯及既往原则，因此错误。

7.【答案】B

【解析】税法的失效通常有三种方式：一是以新法代替旧法，是最常见的失效宣布方式；二是直接宣布废止某项税法；三是税法本身规定废止的日期。

8.【答案】D

【解析】累进税率中个人所得税适用超额累进税率，土地增值税适用超率累进税率。

9.【答案】B

【解析】累进税率中个人所得税适用超额累进税率，土地增值税适用超率累进税率。

10.【答案】C

【解析】征税对象又叫课税对象、征税客体，是指税法规定对什么征税，是征纳税双方权利义务共同指向的客体或标的物，是区别一种税与另一种税的重要标志。

二、多项选择题

1.【答案】ABCD

【解析】税法基本原则包括：税收法定原则；税收公平原则；税收效率原则；实质课税原则。

2.【答案】ABC

【解析】税收法律关系在总体上与其他法律关系一样，都是由权利主体、客体和法律关系内容三方面构成的。

3.【答案】ABCD

【解析】“个别特殊地区”主要指我国香港、澳门、台湾和保税区等。

4.【答案】ABCD

【解析】税法的构成要素是指各种单行税法具有的共同的基本要素的总称。税法的构成要素一般包括总则、纳税义务人、征税对象、税目、税率、纳税环节、纳税期限、纳税地点、减税免税、罚则、附则等项目。

5.【答案】ABC

【解析】在税收执法过程中，对其适用性或法律效力的判断，一般按以下原则掌握：一是层次高的法律优于层次低的法律；二是同一层次的法体中，特别法优于普通法；三是国际法优于国内法；四是实体法从旧，程序法从新。

6.【答案】CD

【解析】纳税义务人的权利主要有多缴税款申请退还权、延期纳税权、依法申请减免税权、申请复议和提起诉讼权等。

7.【答案】ABC

【解析】税务机关的权利主要表现在依法进行征税、税务检查以及对违章者进行处罚。税务机关的义务主要表现在向纳税人宣传、咨询、辅导解读税法，及时把征收的税款解缴国库，依法受理纳税人对税收争议的申诉等。

8.【答案】ABC

【解析】税收的特征是强制性、无偿性和固定性。

9.【答案】ABCD

【解析】纳税人有两种基本形式，即自然人和法人。自然人既包括本国公民，又包括外国人和无国籍人。法人是基于法律规定享有权利能力和行为能力，具有独立的财产和经费，依法独立承担民事责任的社会组织。我国的法人主要有四种，即机关法人、事业法人、企业法人和社团法人。

10.【答案】ABCD

【解析】有法可依，有法必依，执法必严，违法必究是税收立法与税法实施过程中必须遵循的基本原则。

三、判断题

1.【答案】×

【解析】权利主体一方是代表国家行使征税职责的国家行政机关，另一方是履行纳税义务的人。

2.【答案】×

【解析】省、自治区、直辖市以及省、自治区的人民政府所在地的市和国务院批准的较大的市的人民政府，可以根据法律和国务院的行政法规，制定规章。

3.【答案】√

4.【答案】√

5.【答案】√

6.【答案】×

【解析】税法规定了每种税的纳税期限，纳税人的具体纳税期限由主管税务机关根据纳税人应纳税额的大小分别核定；不能按照固定期限纳税的，可以按次纳税。

7.【答案】×

【解析】税收是政府为了满足社会公共需要，凭借政治权力，强制、无偿地取得财政收入的一种形式。

8.【答案】√

9.【答案】×

【解析】税收“三性”是一个完整的统一体，它们相辅相成，缺一不可。其中，无偿性是核心，强制性是保障，固定性是对强制性和无偿性的一种规范和约束。

10.【答案】×

【解析】税法是国家制定的用以调整国家与纳税人之间在征纳税方面的权利及义务关系的法律规范的总称。

第二章　增值税法习题参考答案

一、单项选择题

1.【答案】C

【解析】提供交通运输业服务、邮政业服务，税率为11%。

2.【答案】B

3.【答案】D

【解析】有形动产租赁包括有形动产融资租赁和有形动产经营性租赁。远洋运输的光租业务、航空运输的干租业务属于有形动产经营性租赁。

4.【答案】D

【解析】增值税一般纳税人基本税率为17%（含有形动产租赁服务），销售或者进口特殊货物低税率为13%。提供交通运输业服务、邮政业服务，税率为11%。提供现代服务业服务（有形动产租赁服务除外），税率为6%。小规模纳税人的增值税征收率统一为3%。根据营业税改征增值税的规定，交通运输业、邮政业、部分现代服务业营业税改征增值税小规模纳税人适用3%的征收率。

5.【答案】C

【解析】文化创意服务包括设计服务、商标和著作权转让服务、知识产权服务、广告服务和会议展览服务。设计服务是指把计划、规划、设想通过视觉、文字等形式传递出来的业务活动，包括工业设计、造型设计、服装设计、环境设计、平面设计、包装设计、动漫设计、网游设计、展示设计、网站设计、机械设计、工程设计、广告设计、创意策划、文印晒图等。电路设计属信息技术服务中“电路设计及测试服务”应征收增值税。

6.【答案】B

【解析】销售有形动产，营业税税率为17%，销售无形不动产征收营业税。

7.【答案】A

8.【答案】A

9.【答案】D

【解析】题中所涉及的行为属于外购自用的应税行为，应转出进项税额=20×17%=3.4（万元）。

10.【答案】B

【解析】饲料、化肥、农药、农机、农膜适用13%的税率。

11.【答案】C

【解析】应税服务年销售额未超过500万元（含本数）的纳税人为小规模纳税人。财政部和国家税务总局可以根据试点情况对应税服务年销售额标准进行调整。

12.【答案】D

【解析】粮食、煤气、图书适用13%的税率。

13.【答案】B

14.【答案】C

15.【答案】C

【解析】我国自2009年1月1日起在全国范围内实行生产型增值税转为消费型增值税。

16.【答案】C

【解析】既是增值税税率，又是增值税进项税额扣除率的是13%。增值税税率低税率为13%，农产品计算扣除率为13%。

17.【答案】C

18.【答案】A

【解析】进项税额转出=300×65%×17%×10=331.5（元）。

19.【答案】C

【解析】前期已经抵扣，本期不再抵扣，若前期已经抵扣，本期用于不得从销项税额中抵扣范畴才需进项转出。

20.【答案】A

【解析】增值税是对在我国境内销售货物或者提供加工、修理修配劳务（以下简称应税劳务），交通运输业、邮政业、部分现代服务业服务（以下简称应税服务）以及进口货物的企业单位和个人，就其货物销售或提供应税劳务、应税服务的增值额和货物进口金额为计税依据而课征的一种流转税。

21.【答案】C

22.【答案】C

23.【答案】A

【解析】采取折扣方式销售货物，折扣额与销售额开在同一张发票上，按照折后计税，如果将折扣额另开发票，则不得从销售收入中扣除。

24.【答案】C

【解析】黄酒、啤酒包装物押金在逾期未归还时，计入销售额计征增值税，其他酒的包装物押金应在销售时并入销售额计征增值税。销售税额=（140.40+4.68）×17%÷1.17=21.08（万元）。

25.【答案】D

26.【答案】A

【解析】还本销售时，按售价缴纳增值税。

27.【答案】A

【解析】BCD项进项税额都不得抵扣。

28.【答案】B

29.【答案】C

【解析】采取赊销和分期收款方式销售货物，为书面合同约定的收款日期的当天，无书面合同的或者书面合同没有约定收款日期的，为货物发出的当天。

30.【答案】A

【解析】按照组成价格计税，销项税额=200×40×（1+10%）×17%=1 496（元）。

二、多项选择题

1.【答案】ABD

【解析】销售额是指纳税人销售货物或者提供应税劳务和应税服务向购买方（承受应税劳务也视为购买方）收取的全部价款和价外费用。收取的手续费和收取的包装物租金属于价外费用。

2.【答案】AC

【解析】纳税人销售货物或者提供应税劳务（加工修理修配劳务）和应税服务均需缴纳增值税。增值税征收范围对于货物指的是有形动产，无形不动产征收营业税。

3.【答案】AB

【解析】化肥、农药适用13%的税率。

4.【答案】ACD

【解析】将委托加工的货物用于非应税项目和销售代销的货物均为视同销售，动力设备的安装属于营业税劳务，邮政局出售集邮商品按照邮政业11%税率征收增值税。

5.【答案】BCD

【解析】纳税人销售货物或者提供应税劳务（加工修理修配劳务）和应税服务均需缴纳增值税。A为营业税混合销售行为。

6.【答案】ABC

7.【答案】ABC

【解析】增值税类型有生产型的增值税、收入型增值税、消费型增值税三种。

8.【答案】ABCD

【解析】纳税人销售货物或者提供应税劳务（加工修理修配劳务）和应税服务均需缴纳增值税。

9.【答案】ABD

10.【答案】ACD

【解析】无形不动产征收营业税，销售商品房属于销售不动产。

11.【答案】CD

【解析】以物易物是一种较为特殊的购销活动。以物易物双方都应作为购销处理。采取以旧换新方式销售货物的，应按新货物的同期销售价格确定销售额，不得扣减旧货物的收购价格（金银首饰除外）。采取还本销售方式销售货物，其销售额就是货物的销售价格，不得从销售额中减除还本支出。销售折扣是一种融资性质的理财费用，销售折扣不得从销售额中减除。

12.【答案】ACD

【解析】一般纳税人销售旧固定资产，如销售自己使用过的2009年1月1日以后购进或者自制的固定资产，按照适用税率征收增值税；2008年12月31日以前未纳入扩大增值税抵扣范围试点的纳税人，销售自己使用过的2008年12月31日以前购进或者自制的固定资产，按照4%征收率减半征收增值税。

13.【答案】ABCDE

【解析】研发和技术服务包括研发服务、技术转让服务、技术咨询服务、合同能源管理服务、工程勘查勘探服务。

14.【答案】ABCEFGH

【解析】应税服务是指陆路运输服务（含铁路和其他）、水路运输服务、航空运输服务、管道运输服务、邮政普遍服务、邮政特殊服务、其他邮政服务、研发和技术服务、信息技术服务、文化创意服务、物流辅助服务、有形动产租赁服务、鉴证咨询服务、广播影视服务。

15.【答案】ACD

【解析】设计服务包括工业设计、造型设计、服装设计、环境设计、平面设计、包装设计、动漫设计、展示设计、网站设计、机械设计、工程设计、创意策划等。理发及美容服务一并提供的发型设计属于消费性服务业，不属于现代服务业“设计服务”的范围，

16.【答案】CD

【解析】AB属于不予抵扣范畴，CD可以抵扣，纳税人自用的应征消费税的摩托车、小汽车、游艇，在2013年8月1日之前其进项税额不得从销项税额中抵扣；之后可以抵扣。

三、判断题

1.【答案】×

【解析】小规模纳税人的征收率为3%。

2.【答案】×

【解析】销售折扣是一种融资性质的理财费用，销售折扣不得从销售额中减除。

3.【答案】×

【解析】进项税额转出。

4.【答案】√

四、计算题

1.【答案】解：将自产、委托加工的货物用于集体福利或者个人消费视同销售，应税销售额=23（万元）。

2.【答案】解：应税服务销项税额=200×6%=12（万元）

应税货物应纳增值税=1 000×17%=170（万元）

进项税额=150（万元）

应纳增值税＝170+12－150＝32（万元）

3.【答案】解：进项税调整额＝（30 000+70 000）×17%＝17 000（元）

4.【答案】解：进项税调整额＝（3 400+1 700+600 000）×（500 000÷1 500 000）

＝21 700（元）

5.【答案】解：销项税额＝170+234÷（1+17%）×17%＝204（万元）

应纳增值税税额＝销项税额－进项税额＝204－20.4－10－10＝163.6（万元）

6.【答案】解：

销项税额＝［9 000×0.2+1 000×0.2×0.9+（800+200+10+20）×0.2］×17%

＝371.62（万元）

进项税额＝800×17%＝136（万元）

增值税额＝销项税额－进项税额＝371.62－136＝235.62（万元）

7.【答案】解：进口应纳增值税＝（2 000+50+40+140）×17%＝379.10（万元）

当前应纳增值税＝3 600×17%－379.10 ＝232.90（万元）

8.【答案】解：51 500÷（1+3%）×3%＝1 500（元）

9.【答案】解：当期应纳税额＝17－［34－(200－100)×(17%－13%)］－6＝－19（万元）

免、抵、退税额抵减额＝100×13%＝13（万元）

按规定，如当期期末留抵税额>当期免、抵、退税额时：

当期应退税额＝当期免、抵、退税额

该企业应退税额＝13（万元）

当期免、抵税额＝当期免、抵、退税额－当期应退税额

当期该企业免、抵税额＝13－13＝0（万元）

8月期末留抵结转下期继续抵扣税额为6万元。

10.【答案】不正确。税法规定采取以旧换新方式销售货物的，应按新货物的同期销售价格确定销售额，不得扣减旧货物的收购价格。

当期电冰箱的计税销售额＝1 000×3 000+500×3 000＝3 000 000+1 500 000

＝4 500 000（元）

11.【答案】解：

（1）企业销项税额的计算：

销项税额＝150×17%+12×（1+10%）×17%+3.5÷（1+17%）×17%

＝25.5+2.244+0.509＝28.253（万元）

（2）企业进项税额的计算：

进项税额＝4.42+30×13%＝0.42+3.9＝4.32（万元）

（3）企业当期的应纳税额计算：

应纳税额＝28.253－4.32＝23.933（万元）

12.【答案】解：

（1）外购原材料进项税额＝17（万元）

（2）进口原材料进项税额＝25（万元）

（3）销售甲产品的销项税额计算：

销项税额=80×17%+5.85÷（1+17%）×17%=14.45（万元）

（4）销售乙产品的销项税税额计算：

销项税额=29.5÷（1+17%）×17%=4.25（万元）

（5）自用新产品的销项税计算：

销项税额=20×（1+10%）×17%=3.74（万元）

当期增值税应纳税额=14.45+4.25+3.74-17-25=-19.56<0

增值税应纳税额=0

13.【答案】解：

销项税额=808 000×17%+[9 360÷(1+17%)]×17%-8 000×17%+1 200×30×[(1+5%)÷(1-30%)]÷17%+250 000×17%=189 040（元）

进项税额=119 000+350+3 060=122 410（元）

应纳增值税税额=189 040-122 410=66 630（元）

14.【答案】解：纳税人自用的应征消费税的摩托车、小汽车、游艇，2013 年 8 月 1 日之前其进项税额不得从销项税额中抵扣；之后可以抵扣。销售已使用的已抵扣进项税的固定资产，按照适用税率征收增值税。用于集体福利或者个人消费的购进货物或者应税劳务，进项税额不得从销项税额中抵扣。

（1）销售甲产品的销项税额=80×17%+5.85÷（1+17%）×17%=14.45（万元）

（2）销售乙产品的销项税额=29.25÷（1+17%）×17%=4.25（万元）

（3）自用新产品的销项税额=20×（1+10%）×17%=3.74（万元）

（4）销售使用过的摩托车应纳税额=1×17%×5 =0.85（万元）

（5）外购货物应抵扣的进项税额=10.2+6×11% =10.86（万元）

（6）外购免税农产品应抵扣的进项税额=（30×13%+5×11%）×（1-20%）

=3.56（万元）

（7）该企业 2 月份应缴纳的增值税税额=14.45+4.25+3.74+0.85-10.86-3.56

=8.87（万元）

15.【答案】解：

本月应纳税额=（100 000+80 000+60 000+10 000）÷（1+6%）×6%-5 000

=14 150.94-5 000=9 150.94（元）

16.【答案】解：

2013 年 8 月取得的不含税销售额=12.36÷(1+3%)=12（万元）

8 月应缴纳增值税税额=12×3%=0.36（万元）

17.【答案】解：

（1）关税的完税价格=40+20=60（万元）

（2）应缴纳进口关税=60×15%=9（万元）

（3）进口环节应纳增值税的组成计税价格=60+9=69（万元）

（4）进口环节应缴纳增值税的税额=69×17%=11.73（万元）

（5）国内销售环节的销项税额=80×17%=13.6（万元）

（6）国内销售环节应缴纳增值税税额=13.6-11.73 =1.87（万元）

18.【答案】解：

（1）当期免、抵、退税不得免征和抵扣税额=200×(17%-13%)=8（万元）

（2）当期应纳税额=100×17%-（68-8）-5=17-60-5=-48（万元）

（3）出口货物免、抵、退税额=200×13%=26（万元）

（4）按规定，如当期期末留抵税额>当期免抵退税额时：

当期应退税额=当期免抵退税额

即该企业当期应退税额为26万元。

（5）当期免抵税额=当期免、抵、退税额-当期应退税额

该企业当期免抵税额=26-26=0（万元）

（6）6月期末留抵结转下期继续抵扣税额为22万元（48-26）。

19.【答案】解：

（1）免、抵、退税不得免征和抵扣税额抵减额=免税进口料件的组成计税价格×(出口货物征税税率-出口货物退税税率）=100×（17%-13%）=4（万元）

（2）免、抵、退税不得免征和抵扣税额=当期出口货物离岸价×外汇人民币牌价×(出口货物征税税率-出口货物退税税率）-免抵退税不得免征和抵扣税额抵减额=200×(17% -13%）-4=8-4=4（万元）

（3）当期应纳税额= 100×17%-（34-4）-6=17-30-6=-19（万元）

（4）免、抵、退税额抵减额=免税购进原材料×材料出口货物退税税率

=100×13%=13（万元）

（5）出口货物免、抵、退税额=200×13%-13=13（万元）

（6）按规定，如当期期末留抵税额>当期免抵退税额时：

当期应退税额=当期免抵退税额

该企业应退税额=13（万元）

（7）当期免抵税额=当期免抵退税额-当期应退税额

当期该企业免抵税额=13-13=0（万元）

（8）8月期末留抵结转下期继续抵扣税额为6万元（19-13）。

第三章　消费税法习题参考答案

一、单项选择题

1.【答案】A

【解析】应税消费品有：烟、酒及酒精、化妆品、贵重首饰及珠宝玉石、鞭炮、焰火、成品油、汽车轮胎、小汽车、摩托车、高尔夫球及球具、高档手表、游艇、木制一次性筷子、实木地板。

2.【答案】C

【解析】在中华人民共和国境内生产、委托加工和进口应税消费品的单位和个人，以及国务院确定的销售《中华人民共和国消费税暂行条例》规定的应税消费品的其他单位和个人，为消费税的纳税义务人。C 为委托加工应税消费品应交纳消费税，A 为委托加工非应税消费品不交消费税，BD 不属于生产、委托加工和进口不缴纳消费税。

3.【答案】C

4.【答案】A

【解析】应纳消费税 $=150\times20\%+50\times2\ 000\times0.5\div10\ 000=35$（万元）

5.【答案】D

【解析】白酒包装物押金收取计税，应纳消费税 =（936 000+2 000）÷（1+17%）×17% = 13 890.60 元

6.【答案】B

【解析】消费税按生产领用量抵扣，不同于增值税的购进扣税。

7.【答案】B

【解析】应纳消费税 $=540\times(1+60\%)\div(1-10\%)\times10\%=96$（万元）

8.【答案】D

【解析】纳税人自产自用的应税消费品，凡用于其他方面，应当纳税的，按照纳税人生产的同类消费品的销售价格计算纳税。

9.【答案】C

【解析】纳税人用于换取生产资料、消费资料、投资入股、抵偿债务的应税消费品，按照同类应税消费品的最高销售额计算消费税。

10.【答案】C

11.【答案】A

【解析】委托加工由受托方在向委托方交货时代收代缴消费税。受托方就是法定的

代扣代缴义务人。如果委托个人（含个体工商户）加工的应税消费品，由委托方收回后缴纳消费税。

12.【答案】D

【解析】委托加工应税消费品是指委托方提供原料和主要材料，受托方只收取加工费和代垫部分辅助材料加工的应税消费品。

13.【答案】B

14.【答案】C

【解析】出口货物退（免）税政策包括：出口免税并退税、出口免税但不退税、出口不免税也不退税

15.【答案】A

【解析】应退消费税=25×30%=7.5（万元）

16.【答案】C

17.【答案】C

【解析】纳税人自产的应税消费品，用于连续生产应税消费品的，不纳税；用于其他方面的，于移送使用时纳税。

18.【答案】D

【解析】应税消费品的销售额不包括应向购货方收取的增值税税款。

19.【答案】B

【解析】消费税的销售额=（250 800+30 000）÷1.17=240 000（元）

20.【答案】D

【解析】纳税人兼营不同税率的应税消费品，即生产销售两种税率以上的应税消费品时，应当分别核算不同税率应税消费品的销售额或销售数量，未分别核算的，按最高税率征税。

21.【答案】C

【解析】应纳消费税=7 000×（1+5%）÷（1−30%）×30%=3 150（元）

22.【答案】D

【解析】纳税人用于换取生产资料、消费资料、投资入股、抵偿债务的应税消费品，按照同类应税消费品的最高销售额计算消费税。

23.【答案】C

【解析】委托加工的应税消费品，除受托方为个人外，由受托方在向委托方交货时代收代缴税款。

24.【答案】B

【解析】应纳消费税=（20 000+1 500+4 000）÷（1−10%）×10%=2 833（元）

25.【答案】C

【解析】纳税人采取赊销和分期收款结算方式的，其纳税义务的发生时间为销售合同规定的收款日期的当天。

26.【答案】B

27.【答案】D

【解析】应纳消费税 = [0.3×22 000×（1+10%）+0.3×2 000×0.5]÷（1−20%）×20%+0.3×2 000×0.5+400×250 = 102 190（元）

二、多项选择题

1.【答案】BD

2.【答案】BD

【解析】零售环节适用税率为5%，在纳税人销售金银首饰、钻石及钻石饰品时征收。其计税依据是不含增值税的销售额。

3.【答案】BCD

【解析】现行消费税的征税范围中，只有卷烟、白酒采用复合计征方法。

4.【答案】ABCD

【解析】消费税的征税范围分布于以下五个环节：生产应税消费品、委托加工应税消费品、进口应税消费品、卷烟批发（加征5%）、零售应税消费品。

5.【答案】ABC

【解析】在从量定额计算方法下，应纳税额等于应税消费品的销售数量乘以单位税额，适用于啤酒、黄酒、成品油的计算。

6.【答案】BD

【解析】委托加工应税消费品是指委托方提供原料和主要材料，受托方只收取加工费和代垫部分辅助材料加工的应税消费品。

7.【答案】ABCD

【解析】委托加工复合组成计税价格 =（材料成本+加工费+委托加工数量×定额税率）÷（1−比例税率）

上式中，"材料成本"是指委托方所提供加工材料的实际成本；"加工费"是指受托方加工应税消费品向委托方所收取的全部费用（包括代垫辅助材料的实际成本，不包括增值税税金）。

8.【答案】ABCD

9.【答案】ABCD

【解析】纳税人用于换取生产资料、消费资料、投资入股、抵偿债务的应税消费品，按照同类应税消费品的最高销售额计算消费税。

10.【答案】ABD

【解析】纳税人自产的应税消费品，用于连续生产应税消费品的，不纳税；用于其他方面的，于移送使用时纳税。

11.【答案】ACD

12.【答案】ABC

【解析】销售额为纳税人销售应税消费品向购买方收取的全部价款和价外费用。应税消费品的销售额不包括价外税增值税税款，包括价内税消费税。

13.【答案】ABD

三、判断题

1.【答案】√

2.【答案】×

【解析】均为含消费税不含增值税金额计税。

3.【答案】√

4.【答案】×

5.【答案】√

6.【答案】√

7.【答案】×

8.【答案】√

四、计算题

1.【答案】解：

（1）化妆品适用消费税税率30%。

（2）化妆品的应税销售额=50+2.34÷（1+17%）=52（万元）

（3）应缴纳的消费税税额=52×30%=15.6（万元）

2.【答案】解：

（1）销售乙类啤酒，适用定额税率220元。

（2）应纳税额=销售数量×定额税率=1 000×220 =220 000（元）

3.【答案】解：

（1）白酒适用比例税率20%，定额税率每500克0.5元。

（2）应纳税额=50×2 000×0.5÷10 000+200×20%=45（万元）

4.【答案】解：

（1）应纳消费税=（20×6 000+8×4 500）×20%+（20+8）×2 000×0.5
=31 200+28 000
=59 200（元）

（2）应纳消费税=4×3 200×20%+4×2 000×0.5=2 560+4 000=6 560（元）

（3）纳税人用于换取生产资料、消费资料、投资入股、抵偿债务的应税消费品，按照同类应税消费品的最高销售额计算消费税。

应纳消费税=10×4 500×20%+10×2 000×0.5=9 000+10 000=19 000（元）

（4）应纳消费税=6×8 000×20%+6×2 000×0.5=9 600+6 000=15 600（元）

该酒厂当月应缴纳的消费税=59 200+6 560+19 000+15 600=100 360（元）

5.【答案】解：

（1）关税完税价格=200+12+8=220（万元）

关税=220×20%=44（万元）

（2）每条进口卷烟适用比例税率的价格=[（220+44）×10 000÷80 000+0.6]÷（1-36%）=52.5（元）<70元（适用36%的税率）

（3）进口卷烟应纳消费税＝8×0.6+52.5×8×36%＝156（万元）

（4）进口卷烟应纳增值税＝（220+44+156）×17%＝71.4（万元）

6.【答案】解：

（1）组成计税价格＝(150+150×40%)÷(1－30%)＝300（万元）

进口环节应缴纳的消费税＝300×30%＝90（万元）

进口环节应缴纳的增值税＝300×17%＝51（万元）

（2）国内生产销售环节应缴纳的消费税＝（290+51.48÷1.17）×30%－90×80%
＝28.2（万元）

国内生产销售环节应缴纳的增值税＝（290+51.48÷1.17）×17%－51＝5.78（万元）

7.【答案】解：

（1）组成计税价格＝（90+18）÷（1－10%）＝120（万元）

（2）进口环节应缴纳消费税税额＝120×10%＝12（万元）

8.【答案】解：

进口应纳消费税＝（14+8.8）×280÷（1－5%）×5%＝336（万元）

进口应纳增值税＝［（14+8.8）×280+336］×17%＝1 142.40（万元）

国内销售应纳增值税＝26×280×17%－1 142.40＝95.20（万元）

9.【答案】解：

消费税＝95 000×（80+50）×5%+（1 000×50+67 000）÷（1+17%）×5%
＝622 500（元）

增值税＝95 000×（80+50）×17%+（1 000×50+67 000）÷（1+17%）×17%－986 000－10 000×11%＝2 099 500+17 000－986 000－1 100＝1 129 400（元）

10.【答案】解：

（1）增值税销项税额＝23.4÷（1+17%）×17%＝3.4（万元）

应纳消费税＝ 23.4÷（1+17%）×3%＝0.6（万元）

（2）增值税销项税额＝10×17%＝1.7（万元）

农用拖拉机专用轮胎免消费税。

（3）增值税销项税额＝40÷（1+17%）×17%＝5.8（万元）

应纳消费税＝ 40÷（1+17%）×3%＝7.1（万元）

（4）非统一核算按门市部的销量或销售额计税。

增值税销项税额＝39.78÷（1+17%）×17%＝5.78（万元）

应纳消费税＝ 39.78÷（1+17%）×3%＝1.02（万元）

（5）（增值税购进扣税法）增值税进项税额＝20×17%＝3.4（万元）

（消费税领用扣税法）准予抵扣消费税＝ 20×80%×3%＝0.48（万元）

（6）本月应纳增值税＝ 23.4÷（1+17%）×17% +10×17%+ 40÷（1+17%）×17% + 39.78÷（1+17%）×17% － 20×17% ＝13.29（万元）

（7）本月应纳消费税＝23.4÷（1+17%）×3%+40÷（1+17%）×3%+39.78÷（1+17%）×3%－20×80%×3%＝2.166（万元）

第四章　营业税法习题参考答案

一、单项选择题

1.【答案】D

【解析】交通运输业营业税改征增值税后改征增值税

2.【答案】C

【解析】销售货物、加工修理修配劳务应征增值税，典当业销售死当物品简易征收增值税。

3.【答案】A

【解析】文化体育业适用营业税税率为3%；金融保险业、销售不动产、服务业适用营业税税率均为5%。

4.【答案】D

【解析】寺庙收取的门票收入、博物馆收取的门票收入、文化馆举办文化活动的门票收入均属于营业税免税项目。

5.【答案】A

【解析】销售货物（有形动产）、加工修理修配劳务应征增值税，销售房屋属于销售不动产征收营业税。

6.【答案】C

【解析】娱乐场所为顾客提供的饮食服务及其他各种服务也按照娱乐业征税。

7.【答案】D

【解析】邮政部门销售集邮商品、交通运输部门取得交通运输收入营业税改征增值税后改征增值税；修理修配劳务应征增值税。

8.【答案】B

【解析】交通运输收入营业税改征增值税后改征增值税。

9.【答案】D

【解析】某足球俱乐部的门票收入按照文化体育业征收营业税；某娱乐城随卡拉OK服务取得的销售啤酒收入按照娱乐业征收营业税；某银行收取的手续费收入按照金融保险业征收营业税。

10.【答案】D

【解析】利息收入全额或手续费收入全额确认为营业额。旅游业以其取得的全部价款和价外费用扣除替旅游者支付给其他单位或者个人的住宿费、餐费、交通费、旅游景点门票和支付给其他接团旅游企业的旅游费后的余额为营业额。建筑业以工程的全部承包额减去付给分包人或者转包人的价款后的余额为营业额。娱乐场所为顾客提供的饮食服务及其他各种服务也按照娱乐业征收营业税。

11.【答案】C

【解析】销售货物、加工修理修配劳务应征增值税。

12.【答案】A

【解析】应纳营业税=（2 000−400）×3% =48（万元）

13.【答案】B

【解析】研发服务收入属于研发和技术服务征收增值税；修理汽车收入、机器收入属于加工修理修配劳务应征增值税。旅游服务收入应纳营业税。

14.【答案】

【解析】自建行为应纳营业税=［1 000×（1+10%）÷（1−3%）］×3%

=340 206. 19（元）

销售不动产应纳营业税额=1 800×5%=900 000（元）

应纳营业税合计=340 206. 19+900 000=1 240 206. 19（元）

15.【答案】B

【解析】营业税税负设计中，采取按不同行业、不同经营业务设立税目、税率的方法，实行同一行业同税率，不同行业不同税率，即行业差别比例税率。

16.【答案】A

17.【答案】B

【解析】应纳营业税=（50+2+50+2）×5%+（20+30）×20%=15. 2（万元）

18.【答案】D

【解析】建筑业以工程的全部承包额减去付给分包人或者转包人的价款后的余额为营业额。自建自用房屋不征收营业税。纳税人从事建筑业劳务（不含装饰劳务）的，其营业额应当包括工程所用原材料、设备及其他物资和动力的价款在内，但不包括建设方提供设备的价款。

19.【答案】D

【解析】选项 A 为增值税混合销售行为；选项 B 属于增值税的征税范围；选项 C 为增值税的兼营非应税行为。

二、多项选择题

1.【答案】BC

【解析】

境外单位在境内发生应税行为而境内未设机构的，以其境内代理人为扣缴义务人；在境内没有代理人的，以受让方或者购买方为扣缴义务人。建筑安装业务实行分包的，分包者为纳税人。

2.【答案】ABC

3.【答案】BC

【解析】房地产公司销售写字楼按照销售不动产征收营业税，建筑公司承包建筑安装业务按照建筑业征收营业税。

4.【答案】BC

【解析】不动产销售属于土地增值税征税范畴。

5.【答案】ACD

【解析】银行、财务公司、信托投资公司、信用社、外国企业常驻代表机构的纳税期限为一个季度，不包括典当业。

6.【答案】ABD

【解析】纳税人提供应税劳务，应当向机构所在地或者居住地的主管税务机关申报纳税。纳税人转让土地使用权，应当向土地所在地主管税务机关申报纳税。纳税人转让其他无形资产，应当向其机构所在地或居住地的主管税务机关申报纳税。单位和个人出租土地使用权、不动产的营业税纳税地点为土地、不动产所在地；单位和个人出租物品、设备等动产的营业税纳税地点为出租单位机构所在地或个人居住地。纳税人销售不动产，应当向不动产所在地主管税务机关申报纳税。

7.【答案】ACD

8.【答案】BD

【解析】选项 A 为增值税混业经营行为，不属于兼营行为；选项 C 为增值税的混合销售行为。

9.【答案】ABC

【解析】从事物业管理的单位，以与物业管理有关的全部收入减去代业主支付的水、电、燃气以及代承租者支付的水、电、燃气、房屋租金的价款后的余额为营业额。

10.【答案】ABD

【解析】电脑福利彩票投注点代销福利彩票取得手续费收入按照服务业—代理业缴纳营业税。

三、计算题

1.【答案】解：

建筑业营业额=（970+970×10%）÷（1−3%）=1 100（万元）

应纳建筑业营业税=1 100×3%=33（万元）

应纳销售不动产营业税=1 200×5%=60（万元）

2.【答案】解：应纳营业税=（2 500+60+40）×5% =130（万元）

3.【答案】解：境外单位或者个人在境外向境内单位或者个人提供的完全发生在境外的《中华人民共和国营业税暂行条例》规定的劳务，不属于在境内提供条例规定的劳务，不征收营业税。

应纳营业税=（1 000+500）×5%+28 000×5%+（120 000+8 000）×3%

=5 315（元）

4.【答案】解：

营业收入=40 000−8 000−5 000−10 000−2 000=15 000（元）

应纳营业税=15 000×5%=750（元）

5.【答案】解：

应纳营业税税额＝营业额×适用税率＝（60+30+20+10）×15%＝18（万元）

6.【答案】解：

应纳营业税＝（50+2+50+2）×5%+（20+30）×20%＝15.2（万元）

该饭店当月应纳营业税15.2万元。

7.【答案】解：

由于该公司当月未销售过同类住房，所以按组成计税价格确定计税营业额。

组成计税价格＝3 000×1 425×（1+5%）÷（1−5%）＝4 725 000（元）

应纳营业税＝4 725 000×5%＝236 250（元）

8.【答案】解：

建筑公司应缴纳营业税税额＝（8 000−2 000）×3%+2 500×5%+2 000×（1+10%）×3%÷（1−3%）＝373.04（万元）

某装饰公司应缴纳营业税税额＝2 000×3%＝60（万元）

第五章　关税法习题参考答案

一、单项选择题

1.【答案】D

【解析】进口货物的收货人、出口货物的发货人、进出境物品的所有人是关税的纳税义务人。

2.【答案】A

【解析】若在国内设立自由港、自由贸易区等特定区域，因进出这些特定区域的货物都是免税的，因而该国的关境小于国境。

3.【答案】C

【解析】滑准税（滑动关税）是根据货物的不同价格适用不同税率的一类特殊的从价关税。通俗地讲，就是进口货物的价格越高，其进口关税税率越低，进口商品的价格越低，其进口关税税率越高。

4.【答案】B

5.【答案】D

【解析】实质性加工是指加工后，税则 4 位归类发生改变；加工增值部分占新产品总值超过 30%及以上。

6.【答案】D

【解析】购货佣金不得计入完税价格，计入完税价格的是由买方负担的除购货佣金以外的佣金和经纪费。

7.【答案】C

【解析】关税税额在人民币 50 元以下的一票货物可免征关税。

8.【答案】B

【解析】完税价格是指货物的计税价格。正常情况下，进口货物采用以成交价格为基础的到岸价格为完税价格。

9.【答案】D

10.【答案】B

11.【答案】C

【解析】进口关税及其他国内税收不得计入完税价格。

12.【答案】B

【解析】海关发现少征或者漏征税款，应当自缴纳税款或者货物、物品放行之日起 1 年内，向纳税义务人补征；因纳税义务人违反规定而造成的少征或者漏征的税款，自纳税义务人应缴纳税款之日起 3 年以内可以追征，并从缴纳税款之日起按日加收少征或者漏征税款万分之五的滞纳金。

13.【答案】C

【解析】货价加运费两者总额的 3‰。

14.【答案】A

【解析】应纳出口关税 = 49.8÷（1+20%）×20% = 8.3（万元）

二、多项选择题

1.【答案】ABCD

【解析】按征收关税的标准，可以将关税分成从价税、从量税、复合税、滑准税。

2.【答案】BCD

【解析】应当计入完税价格的内容包括：由买方负担的除购货佣金以外的佣金和经纪费、由买方负担的与该货物视为一体的容器费用、由买方负担的包装材料和包装劳务费用、与该货物有关并作为卖方向我国销售该货物的一项条件，应当由买方直接或间接支付的特许权使用费。

3.【答案】ABD

【解析】下列费用不得计入完税价格：厂房、机械、设备等货物进口后的基建、安装、装配、维修和技术服务的费用；货物运抵境内输入地点之后的运输费用、保险费和其他相关费用；进口关税及其他国内税收。

4.【答案】ABC

【解析】海关估价依次使用的方法包括：相同或类似货物成交价格方法；倒扣价格方法；计算价格方法；其他合理的方法。

5.【答案】ABCD

6.【答案】ACD

【解析】买方佣金不得计入完税价格。

7.【答案】AC

【解析】进口货物的收货人、出口货物的发货人、进出境物品的所有人，是关税的纳税义务人。

8.【答案】ABCD

三、判断题

1.【答案】√

2.【答案】√

3.【答案】√

4.【答案】×

【解析】应为万分之五。

5.【答案】×

【解析】出口货物以成交价为基础的完税价格，出口货物的完税价格由海关以该货物向境外销售的成交价格为基础审查确定，并应包括货物运至我国境内输出地点装载前的运输及其相关费用、保险费，但其中包含的出口关税税额应当扣除。

6.【答案】×

【解析】进口货物完税价格不包括国内段运费。

7.【答案】√

8.【答案】×

【解析】进口货物采用以成交价格为基础的到岸价格为完税价格。

9.【答案】√

10.【答案】×

【解析】关税的征税对象是准许进出境的货物和物品。货物是指贸易性商品；物品指入境旅客随身携带的行李物品、个人邮递物品、各种运输工具上的服务人员携带进口的自用物品、馈赠物品以及其他方式进境的个人物品。

四、计算题

1.【答案】解：

出口关税完税价格＝720×500×6.5÷（1+30%）＝1 800 000（元）

出口关税＝1 800 000×30%＝540 000（元）

2.【答案】解：

（1）该外贸公司当月进口环节应纳关税＝（350+40+10）×10%＝40（万元）

（2）该外贸公司当月进口环节应纳消费税＝（400+40）÷（1−30%）×30%

＝188.57（万元）

（3）该外贸公司当月进口环节应纳增值税＝440÷（1−30%）×17%＝106.86（万元）

3.【答案】解：

（1）应缴纳的关税计算：

①关税完税价格＝离岸价−装配调试费用−买方佣金+运费+保险费

＝9 000−60−50+180+90＝9 160（万元）

②关税＝关税完税价格×关税税率

＝9 160×100%＝9 160（万元）

（2）应缴纳的消费税计算：

①组成计税价格＝（关税完税价格+关税）÷（1−消费税税率）

＝（9 160+9 160）÷（1−5%）＝19 284.21（万元）

②消费税＝组成计税价格×消费税税率

＝19 284.21×5%＝964.21（万元）

（3）应缴纳的增值税计算：

应缴纳的增值税＝增值税组成计税价格×增值税税率

＝19 284.21×17%＝3 278.32（万元）

4.【答案】解：

（1）关税应纳税额=进口货物完税价格×适用税率

进口关税=6×110%×80=528（万元）

（2）应纳进口消费税。

应纳消费税税额=组成计税价格×税率

组成计税价格=（关税完税价格+关税）÷（1-消费税率）

已知汽缸容量为2 000毫升以上可容纳20人的小客车消费税税率为5%。

组成计税价格=（6×80+528）÷（1-5%）=1 061.05（万元）

进口消费税=1 061.05×5%=53.05（万元）

（3）组成计税价格=（6×80+528+53.05）=1 061.05（万元）

应纳增值税=1 061.05×17%=180.38（万元）

进口环节该货物应申报关税、消费税、增值税合计=528+53.05+180.38
=761.43（万元）

经海关核实，纳税义务人申报进口增值税和进口消费税共计人民币31.83万元不符合有关规定。

5.【答案】解：

（1）小轿车在进口环节应缴纳的关税、消费税、增值税计算如下：

进口小轿车的货价=15×30=450（万元）

进口小轿车的运输费=450×2%=9（万元）

进口小轿车的保险费=（450+9）×3‰=1.38（万元）

①进口小轿车应缴纳的关税。

关税的完税价格=450+9+1.38=460.38（万元）

应缴纳关税=460.38×60%=276.23（万元）

②进口小轿车应缴纳的消费税。

消费税组成计税价格=（460.38+276.23）÷（1-8%）=800.66（万元）

应缴纳消费税=800.66×8%=64.05（万元）

③进口小轿车应缴纳的增值税。

应缴纳增值税=（460.38+276.23+64.05）×17%=136.11（万元）

（2）加工货物在进口环节应缴纳的关税、增值税计算如下：

加工货物关税的完税价格=20+3=23（万元）

加工货物应缴纳关税=23×20%=4.6（万元）

加工货物应缴纳增值税=（23+4.6）×17%=4.69（万元）

（3）国内销售环节应缴纳的增值税计算如下：

销项税额=40.95÷（1+17%）×17%×24=142.8（万元）

进项税额=（0.63+136.11）÷30×28+4.69=132.31（万元）

应纳增值税=142.8-132.31=10.49（万元）

第六章 企业所得税法习题参考答案

一、单项选择题

1.【答案】C

【解析】个人独资企业、合伙企业不需缴纳企业所得税。

2.【答案】B

3.【答案】D

【解析】在境内未设立机构、场所的，或者虽设立机构、场所但取得的所得与其所设机构、场所没有实际联系的非居民企业，适用20%的低税率，但实际征税时适用10%的税率；在境内未设立机构、场所的非居民企业取得的来源于境外的所得，不需要在我国缴纳企业所得税；基本税率25%适用于居民企业和在中国境内设有机构、场所且所得与机构、场所有关联的非居民企业。

4.【答案】A

【解析】作为原材料投入生产资产所有权未转移，属于内部处置资产，不视同销售确认收入。

5.【答案】B

6.【答案】C

7.【答案】C

【解析】职工福利费扣除限额＝1 100×14%＝154（万元）<实际发生160万元，应调增应纳税所得额＝160－154＝6（万元）

软件生产企业的职工培训费用，可按实际发生额在计算应纳税所得额时扣除。扣除职工培训费用后的职工教育经费的余额应按照工资、薪金的2.5%的比例扣除，职工教育经费扣除限额＝1 100×2.5%＝27.5（万元），扣除职工培训费用后的职工教育经费余额＝40－10＝30（万元），应调增应纳税所得额＝30－27.5＝2.5（万元）

工会经费扣除限额＝1 100×2%＝22（万元）<实际发生30万元，应调增应纳税所得额＝30－22＝8（万元）

该企业合计应调增应纳税所得额＝6+2.5+8＝16.5（万元）

8.【答案】A

【解析】合理的借款总量＝200×2＝400（万元），在所得税前准予扣除的利息支出＝400×7%＝28（万元）

9.【答案】A

【解析】2010年度发生亏损50万元不交企业所得税；2011年度盈利10万元，用上年亏损弥补；2012 年度盈利 80 万元继续补亏，剩余部分缴纳企业所得税 =（80-40）×25% = 10（万元）。

10.【答案】B

11.【答案】D

【解析】5 年补亏。

12.【答案】D

【解析】房屋、建筑物以外未投入使用的固定资产，不得计算折旧扣除；以融资租赁方式“租出”的固定资产，不得计算折旧扣除；以经营租赁方式“租入”的固定资产，不得计算折旧扣除。

13.【答案】D

14.【答案】C

15.【答案】A

【解析】不征税收入共有三类：财政拨款；依法收取并纳入财政管理的行政事业性收费、政府性基金；国务院规定的其他不征税收入。

16.【答案】D

【解析】免税收入有四类：国债利息收入；符合条件的居民企业之间的股息、红利等权益性投资收益；在中国境内设立机构、场所的非居民企业从居民企业取得与该机构、场所有实际联系的股息、红利等权益性投资收益；符合条件的非营利组织的收入。

17.【答案】B

18.【答案】B

19.【答案】B

【解析】小型微利企业按 20% 的税率缴纳企业所得税。该商业企业属于小型微利企业，年应纳所得额 = 860-850 = 10（万元），应纳所得税 = 10×20% = 2.0（万元）

20.【答案】C

【解析】A 国所得税抵免限额 = 240×15% = 36（万元），在 A 国实际缴纳 24 万元，应在境内补缴所得税 = 36-24 = 12（万元）；该企业 2011 年应在境内缴纳企业所得税 = 600×15%+12 = 102（万元）

21.【答案】C

【解析】企业从事国家重点扶持的公共基础设施项目的投资经营的所得，自项目取得第一笔生产经营收入所属纳税年度起，第一年至第三年免征企业所得税，第四年至第六年减半征收企业所得税。

22.【答案】C

【解析】该企业应缴纳企业所得税 = 380×10%×25% = 9.5（万元）

23.【答案】B

【解析】企业发生的公益性捐赠支出在年度利润总额 12% 以内的部分，准予在计算应纳税所得额时扣除，超过部分不得扣除。

二、多项选择题

1.【答案】BD

【解析】企业所得税的纳税人分为居民企业和非居民企业，个人独资企业不属于企业所得税纳税人，因此不属于居民企业；居民企业是指依法在中国境内成立（登记注册地标准），或者依照外国（地区）法律成立但实际管理机构在中国境内（实际管理机构所在地标准）的企业。

2.【答案】ABD

【解析】免税收入有四类：国债利息收入；符合条件的居民企业之间的股息、红利等权益性投资收益；在中国境内设立机构、场所的非居民企业从居民企业取得与该机构、场所有实际联系的股息、红利等权益性投资收益；符合条件的非营利组织的收入。

3.【答案】ABC

4.【答案】ACD

5.【答案】AD

6.【答案】BC

7.【答案】ABC

【解析】不征税收入共有三类：财政拨款；依法收取并纳入财政管理的行政事业性收费、政府性基金；国务院规定的其他不征税收入。

8.【答案】ABCD

9.【答案】ABD

【解析】诉讼费、营业税、劳动保护支出允许在企业所得税税前扣除；税收滞纳金不得在所得税前扣除。

10.【答案】ABC

【解析】企业使用或者销售的存货的成本计算方法，可以在先进先出法、加权平均法、个别计价法中选用一种。计价方法一经选用，不得随意变更。

11.【答案】ABD

【解析】企业所得税税款不得在企业所得税前扣除。

12.【答案】AD

【解析】企业发生的职工福利费支出，不超过工资薪金总额 14%的部分准予扣除，职工福利费扣除限额为 $1\ 000\times14\%=140$（万元），实际发生 120 万元，未超过扣除限额，准予据实扣除。

企业发生的职工教育经费支出，不超过工资薪金总额 2.5%的部分准予扣除，超过部分准予结转以后纳税年度扣除。2010 年职工教育经费扣除限额为 $800\times2.5\%=20$（万元），实际发生 30 万元，超过限额的 10 万元准予结转以后年度扣除。

2011 年职工教育经费扣除限额为 $1\ 000\times2.5\%=25$（万元），实际发生 16 万元，准予据实扣除。另外，上年未扣除的职工教育经费 10 万元中，有 9 万元准予在 2011 年扣除，剩余 1 万元准予结转以后纳税年度扣除。因此，2011 年准予扣除的职工教育经费为 25 万元。

13.【答案】ACD

【解析】企业依照国家有关规定为特殊工种职工支付的人身安全保险费准予在所得税前扣除。

14.【答案】BCD

【解析】非金融企业向非金融企业借款的利息支出，不超过按照金融企业同期同类贷款利率计算的数额的部分可据实扣除，超过部分不许扣除。

15.【答案】ABCD

16.【答案】AB

【解析】企业从事农产品初加工、农机作业取得的所得，免征企业所得税。

17.【答案】ABD

【解析】软件开发企业从事软件开发项目不适用企业所得税“三免三减半”的优惠政策。

18.【答案】BCD

【解析】企业购置并实际使用符合规定的环境保护、节能节水、安全生产等专用设备的，该专用设备的投资额的10%可以从企业当年的“应纳税额”中抵免，当年不足抵免的，可以在以后5个纳税年度结转抵免。该居民企业2010年企业所得税应纳税所得额为30万元，可抵免的应纳税额=100×10%=10（万元），还有2.5万元（10-30×25%）未抵免，可以结转到2011年抵扣。企业综合利用资源，生产符合国家产业政策规定的产品所取得的收入，减按90%计入收入总额，该企业2011年应纳税所得额=50-40+40×90%=46（万元），实际应纳税额=46×25%-2.5=9（万元）。

三、计算题

1.【答案】解：

按照税法规定广告费和业务宣传费在不超过销售收入15%的部分，准予扣除。

企业发生的广告费和业务宣传费扣除限额=2 000×15%=300（万元）<320万元，按照300万元扣除。

税法准予扣除的销售费用=380-20=360（万元）

按照税法规定业务招待费按照发生额的60%扣除，但最高不得超过当年销售（营业）收入的5‰。17×60%=10.2（万元），业务招待费的扣除限额=2 000×5‰=10（万元）<17万元，按照10万元扣除。

税法准予扣除的管理费用=50-7=43（万元）

2.【答案】解：

应纳企业所得税=［860-320-35+2+20-（85-80-3）-280-150］×25%

=23.75（万元）

3.【答案】解：

（1）会计利润=3 000+50-2 800-35=215（万元）

（2）公益性捐赠扣除限额=215×12%=25.8（万元）大于10万元，公益性捐赠的部分可以据实扣除。

（3）直接捐赠不得扣除，纳税调增 5 万元。

（4）非广告性赞助支出 20 万元需要做纳税调增。

（5）应纳税所得额 = 215+5+20 = 240（万元）

（6）应纳所得税额 = 240×25% = 60（万元）

4.【答案】解：

（1）会计利润 = 2 500+70-1 100-670-480-60-40-50 = 170（万元）

（2）广告费和业务宣传费调增所得额 = 450-2 500×15% = 450-375 = 75（万元）

（3）业务招待费调增所得额 = 15-15×60% = 15-9 = 6（万元）

2 500×0. 5% = 12. 5（万元）>15×60% = 9（万元）

（4）捐赠支出应调增所得额 = 30-170×12% = 9. 6（万元）

税收滞纳金 6 万元不予税前扣除，调增所得额 = 6（万元）

（5）“三费”应调增所得额 = 3+29-150×18. 5% = 4. 25（万元）

（6）应纳税所得额 = 170+75+6+9. 6+6+4. 25 = 270. 85（万元）

（7）2013 年应缴企业所得税 = 270. 85×25% = 67. 71（万元）

5.【答案】解：

（1）2013 年利润总额 = 2 000-1 000 = 1 000（万元）

（2）2013 年收入总额 = 2 000（万元），其中免税收入 = 100（万元）

（3）2013 年各项扣除调整数计算如下：

①1 800×5‰ = 9（万元）<100×60% = 60（万元）

业务招待费超支额 = 100-9 = 91（万元）

业务招待费限额 = 9（万元）

②职工福利费 = 200×14% = 28（万元）<50（万元）

职工教育经费 = 200×2. 5% = 5（万元）>2（万元）

工会经费 = 200×2% = 4（万元）<10（万元）

工资三项经费调整额 =（50+10）-［200×（14%+2%）］= 28（万元）

③提取准备金支出调整 = 100（万元）

④税收滞纳金调整 = 10（万元）

（4）2013 年应纳税所得额 = 2 000-100-1 000+（91+28+100+10）= 1 129（万元）

（5）2013 年应纳所得税额 = 1 129×25%-500×10% = 282. 25-50 = 232. 25（万元）

第七章　个人所得税法习题参考答案

一、单项选择题

1.【答案】A

2.【答案】C

【解析】投资分红应当按“利息、股息、红利所得”项目征收个人所得税。

3.【答案】A

【解析】退休工资免征个人所得税；退休人员再任职取得的收入，按照“工资、薪金所得”缴纳个人所得税。2012 年 4 月王先生应缴纳个人所得税 =（3 600−3 500）×3% = 3（元）

4.【答案】A

【解析】计算过程如下：

A 单位每月代扣代缴个人所得税 = 1 500×3% = 45（元）

B 单位每月代扣代缴个人所得税 =（7 400−3 500）×10%−105 = 285（元）

张某每月应纳税额 =（1 500+7 400−3 500）×20%−555 = 525（元）

申报补税 = 525−（45+285）= 195（元）

5.【答案】B

【解析】连载稿酬，以连载完成后的所有收入合并为一次计税。

应纳个人所得税 =（2 000+10 000）×（1−20%）×20%×（1−30%）= 1 344（元）

6.【答案】D

【解析】承包、承租人对企业经营成果不拥有所有权，仅是按合同（协议）规定取得一定所得的，其所得按工资、薪金所得项目适用的七级超额累计税率征收个人所得税。

7.【答案】D

【解析】四个选项中只有劳务报酬所得有加成征收的规定。

8.【答案】B

【解析】个人出租住房取得的所得减按 10%的税率征收个人所得税。

9.【答案】C

【解析】捐赠扣除限额 =（12 000−3 500）×30% = 2 550（元），实际捐赠额为 5 000 元，允许扣除 2 550 元，则应纳个人所得税 =（12 000−3 500−2 550）×20%−555 = 635（元）

10.【答案】B

【解析】同一作品出版、发表后，因添加印数而追加稿酬的，应与以前出版、发表时取得的稿酬合并计算为一次，计征个人所得税。

王某所获稿酬应缴纳的个人所得税 =（5 000+1 000）×（1−20%）×20%×（1−30%）= 672（元）

11.【答案】C

【解析】个人从上市公司取得的股息、红利所得减按 50%计入应纳税所得额。应纳个人所得税 = 8 000×50%×20% = 800（元）

12.【答案】A

【解析】4 月份应缴纳个人所得税 =（6 000−340−3 200−500−800）×10%

= 116（元）

根据规定，在计算财产租赁所得个人所得税时，应首先扣除财产租赁过程中缴纳的税费；其次扣除个人向出租方支付的租金；再次扣除由纳税人负担的该出租财产实际开支的修缮费用；最后减除税法规定的费用扣除标准，即经上述减除后，如果余额不足 4 000 元，则减去 800 元，如果余额超过 4 000 元，则减去 20%。

13.【答案】D

【解析】捐赠扣除限额 = 20 000×30% = 6 000（元），实际捐赠额是 4 000 元，未超过扣除限额，可以全额扣除。

应缴纳个人所得税 =（20 000−4 000）×20% = 3 200（元）

陈某实际可得 = 20 000−4 000−3 200 = 12 800（元）

14.【答案】C

【解析】当月工资应纳的个人所得税 =（5 000+1 000−3 500）×10%−105

= 145（元）

年终加薪按全年一次性奖金的计算方法计税。

（1）先确定税率：80 000÷12 = 6 666.67（元），税率是 20%，速算扣除数是 555。

（2）应纳税额 = 80 000×20%−555 = 15 445（元）

当月共应纳个人所得税 = 15 445+145 = 15 590（元）

15.【答案】B

【解析】应缴纳的个人所得税 = 5 500×（1−20%）×20%×（1−30%）= 616（元）

16.【答案】B

【解析】雇佣单位每月应代扣代缴个人所得税 =（12 000−3 500）×20%−555

= 1 145（元）

在外商投资企业、外国企业和外国驻华机构工作的中方人员取得的工资、薪金收入，凡是由雇佣单位和派遣单位分别支付的，采取由雇佣单位在支付工资、薪金时按税法规定减除费用的方法计算扣缴个人所得税。支付单位和雇佣单位均应按税法规定代扣代缴个人所得税。

17.【答案】A

【解析】应缴纳个人所得税=（2 000-800）×20%+5 000×（1-20%）×20%

=1 040（元）

18.【答案】D

19.【答案】C

【解析】两个纳税人共同取得的同一项所得的，可以对每个人分得的收入分别减除费用，并计算各自应纳的税款。

王某应纳个人所得税=18 000×（1-20%）×20%=2 880（元）

20.【答案】A

21.【答案】D

【解析】对临时离境应视同在华居住，不扣减其在华居住的天数。这里所说的临时离境，是指在一个纳税年度内，一次不超过30日或者多次累计不超过90日的离境。

22.【答案】D

【解析】2011年12月的所得应缴纳个人所得税=0+（5 000-3 500）×3%=45（元）

潘某行权时，已按"工资、薪金所得"适用的规定计算缴纳过个人所得税。将行权后的股票再转让时，按照"财产转让所得"计算缴纳个税，按照我国法规规定，转让境内上市公司股票暂不征收个人所得税，因此潘某转让股票取得的所得应纳个人所得税为0。

23.【答案】D

【解析】发票中奖所得应当按"偶然所得"征收个人所得税，且单张金额不超过800元的，暂免征收个人所得税，超过800元的，全额征收个人所得税。

张三应纳个人所得税=1 000×20%=200（元）

24.【答案】C

【解析】所谓在境内居住满1年，是指在一个纳税年度（即公历1月1日起至12月31日止，下同）内，在中国境内居住满365日。临时离境视同在华居住，不扣减其在华居住的天数。这里所说的临时离境，是指在一个纳税年度内，一次不超过30日或者多次累计不超过90日的离境。

25.【答案】B

26.【答案】C

【解析】刘某应当按照"财产转让所得"计算缴纳个人所得税。

应纳个人所得税=［150-（100+0.5）］×20%=9.9（万元）

27.【答案】C

28.【答案】C

【解析】境外所得抵减限额=60 000×（1-20%）×20%=9 600（元）

因为在A国实缴个人所得税低于抵减限额，所以可全额抵扣，并需在我国补缴差额部分的税款。

应补个人所得税=9 600-7 800=1 800（元）

29.【答案】B

【解析】个人所得税扣缴义务人每月所扣的税款，应当在次月 15 日内缴入国库，并向主管税务机关报送有关资料。

二、多项选择题

1.【答案】AB

【解析】所谓在境内居住满 1 年，是指在一个纳税年度（即公历 1 月 1 日起至 12 月 31 日止，下同）内，在中国境内居住满 365 日。

2.【答案】AD

3.【答案】AD

【解析】在中国境内有住所（习惯性居住）的个人是居民纳税人；在中国境内无住所，但是在一个纳税年度中在中国境内居住满 365 日的个人是居民纳税人。

4.【答案】BC

5.【答案】ABC

【解析】劳务报酬是指个人独立从事设计、装潢、审稿等各种非雇佣的劳务而取得的报酬。发表论文取得的报酬、将国外的作品翻译出版而取得的报酬属于稿酬所得；画家拍卖自己的绘画作品取得的所得属于财产转让所得；高校教师受出版社委托进行审稿取得的报酬属于劳务报酬所得。

6.【答案】ABCD

7.【答案】AB

【解析】劳务报酬所得、特许权使用费所得均为每次收入不足 4 000 元的，应纳税所得额 =每次收入额-800 元；每次收入在 4 000 元以上的，应纳税所得额=每次收入额×（1-20%）

8.【答案】ABC

【解析】个人独资企业和合伙企业按照个体工商户的生产、经营所得应纳税额的计算。

9.【答案】CD

【解析】特许权使用费所得以某项使用权的一次转让所取得的所得为一次；利息、股息、红利所得以支付利息、股息、红利时取得的收入为一次。

10.【答案】ABC

【解析】企业生产经营和投资者及其家庭生活共用的固定资产，难以划分的，由主管税务机关根据企业的生产经营类型、规模等具体情况，核定准予在税前扣除的折旧费用的数额或比例。

11.【答案】CD

【解析】财产转让所得应当扣除财产原值和合理费用后的余额为应纳税所得额；利息、股息、红利所得不得扣除任何费用，直接作为应纳税所得额。

12.【答案】ACD

【解析】差旅费支出不得作为李某转让住房的扣除项目。

13.【答案】BC

【解析】季度奖金和考勤奖应当并入当月工资薪金所得计税。

14.【答案】ABCD

【解析】对乡、镇（含乡、镇）以上人民政府或经县（含县）以上人民政府主管部门批准成立的有机构、有章程的见义勇为基金或者类似性质组织，奖励见义勇为者的奖金或奖品，经主管税务机关核准，免征个人所得税。

15.【答案】AC

【解析】见义勇为者的奖金和个人举报、协查各种违法、犯罪行为而获得的奖金属于免征个人所得税的范围。

16.【答案】ABC

17.【答案】ABD

【解析】按国家统一规定发放的离休工资不包含在12万元的年所得中。

18.【答案】AC

【解析】全年一次性奖金不并入12月工资计税，应单独作为一个月的工资纳税。

19.【答案】ACD

【解析】从中国境内两处或者两处以上取得工资、薪金所得的，选择并固定向其中一处单位所在地主管税务机关申报。

三、计算题

1.【答案】解：

（1）当月工资、奖金应纳个人所得税 =（24 000+10 000−3 500）×25%−1 005
=6 620（元）

（2）参加文艺汇演应纳个人所得税 =（3 200−800）×20%+36 000×（1−20%）×30%−2 000=7 120（元）

（3）取得股息收入应纳个人所得税 =600×20%=120（元）

（4）广告收入应纳税所得额 =180 000×（1−20%）= 144 000（元）

可扣除捐赠限额 =144 000×30%=43 200（元）

因此，10 000 元可全部抵扣。

应纳个人所得税 =（144 000−10 000）×40%−7 000=50 200（元）

2.【答案】解：

（1）小说稿酬纳税的计算：

①出版小说和小说加印应合并为一次收入计算缴纳个人所得税。

应纳个人所得税 =（40 000+5 000）×（1−20%）× 20%×（1−30%）= 5 040（元）

②小说连载应纳个人所得税 =（2 000−800）× 20%×（1−30%）= 168（元）

（2）审稿收入属于劳务报酬所得，应纳个人所得税 =20 000×（1−20%）×20%
=3 200（元）

（3）临时翻译收入属于劳务报酬所得，应纳个人所得税 =（1 000−800）×20%
=40（元）

（4）①A国讲学收入属劳务报酬收入，按我国税法规定计算的应纳税额（即抵扣限额），注意畸高收入加征计算。

抵扣限额=50 000×（1-20%）×30%-2 000=10 000（元）>9 500元

应补税=10 000-9 500=500（元）

②B国书画展卖收入属劳务报酬收入，按我国税法规定计算的应纳税额（即抵扣限额），注意畸高收入加征计算：

抵扣限额=80 000×（1-20%）×40%-7 000=18 600（元）<20 000元

不需在我国补税，超限额部分的1 400元不得影响A国计算，也不得在本年度应纳税额中抵扣，只能在以后5个纳税年度内，从来自B国所得的未超限额的部分中补扣。

（5）孙某2012年应纳个人所得税=5 040+168+3 200+40+500=8 948（元）

3.【答案】解：

（1）稿酬纳税应由出版社扣缴税款。

应纳个人所得税=50 000×（1-20%）×20%×（1-30%）=5 600（元）

（2）小说版权即著作权，著作权费属于特许权使用费，应由影视公司扣缴税款。

应纳个人所得税=10 000×（1-20%）×20%=1 600（元）

（3）3月发票中奖，单张超过800元的，依法缴纳个税。

应纳个人所得税=1 100×20%=220（元）

（4）对被拆迁人按照国家有关城镇房屋拆迁管理办法规定的标准取得的拆迁补偿款，免征个人所得税。

（5）6月境外讲座应在我国纳税，可抵免限额以内的境外已纳税款。

应纳个人所得税=2 000×7.5×（1-20%）×20%=2 400（元）

应在国内补交税款=2 400-80×7.5=1 800（元）

（6）租金纳税可减除已交租赁过程中的税费、修缮费，自行申报纳税。

7月、9~12月租金共应纳税=［2 000-2 000×3%×（1+7%+3%）-2 000×4%（房产税）-800］×10%×5（月）=527（元）

8月租金应纳税=［2 000-2 000×3%×（1+7%+3%）-2 000×4%（房产税）-600-800］×10%=45.4（元）

2013年出租房屋应缴纳的个人所得税=527+45.4=572.4（元）

4.【答案】解：

（1）稿酬收入应缴纳个人所得税=（5 000+4 000）×（1-20%）×20%×（1-30%）+（1 000+1 000+1 500-800）×20%×（1-30%）=1 386（元）

（2）对个人购买社会福利及体育彩票，一次中奖收入不超1万元的，暂免征收个人所得税；对一次中奖收入超过1万元的，应按税法的规定全额征税。

彩票中奖所得不超1万元，不交个人所得税。

（3）特许权使用费收入应纳个税=（3 000-800）×20%+4 500×（1-20%）×20%
=1 160（元）

（4）6月份工资、公务用车补贴和所获一季度奖金应合并计算缴纳个人所得税=［3 300+（500-300）+4 000-3 500］×10%-105=295（元）

5.【答案】解：

（1）如果赵先生仍留在原中学任教，从该中学取得的工资薪金收入应纳个人所得税计算如下：

应纳税所得额＝4 000－320－3 500＝180（元）

应纳个人所得税＝180×3%＝5.4（元）

从兼职培训学校取得的劳务报酬收入应纳个人所得税计算如下：

应纳税所得额＝900×4－800＝2 800（元）

应纳个人所得税＝2 800×20%＝560（元）

每月合计纳税＝5.4+560＝565.4（元）

实际收入＝4 000－320+900×4－565.4＝6 714.6（元）

（2）如果赵先生到培训学校任职，从该培训学校取得的工资薪金和讲课报酬都属于工资薪金收入，具体计算如下：

应纳税所得额＝6 000+600×6－520－3 500＝5 580（元）

每月应纳个人所得税＝5 580×20%－555＝561（元）

实际收入＝6 000+600×6－520－561＝8 519（元）

第八章　资源税法习题参考答案

一、单项选择题

1.【答案】D

【解析】根据资源税的有关规定，我国资源税的纳税人是指在中华人民共和国领域及管辖海域开采应税资源的矿产品或者生产盐的单位和个人，包括外商投资企业、私营企业和个体经营者；进口的矿产品不缴纳资源税。

2.【答案】C

【解析】对于划分资源等级的应税产品，《几个主要品种的矿山资源等级表》中未列举名称的纳税人适用的税率，由省、自治区、直辖市人民政府根据纳税人的资源状况，参照相关表中确定的邻近矿山或者资源状况、开采条件相近矿山的税率标准，在浮动30%的幅度内核定，并报财政部和国家税务总局备案。

3.【答案】D

【解析】人造石油不属于资源税征税范围；资源税征税范围中的天然气是指专门开采或者与原油同时开采的天然气，与煤炭同时开采的天然气不属于资源税征税范围；资源税税目中的煤炭是指原煤，并不包括洗煤、选煤及其他煤炭制品。

4.【答案】C

【解析】资源条件好的，资源税税率、税额高一些；资源条件差的，资源税税率、税额低一些。

5.【答案】D

【解析】独立矿山、联合企业收购未税矿产品的单位，按照本单位应税产品税额、税率标准，依据收购的数量代扣代缴资源税。

6.【答案】D

【解析】原油、天然气从价计征，其他从量计征；纳税人以自产的液体盐加工成固体盐，以加工的固体盐数量为课税数量，对液态盐不征资源税。

7.【答案】D

【解析】当月应缴纳的资源税＝9 500×8＝76 000（元）

8.【答案】B

9.【答案】B

【解析】当月应缴纳的资源税＝40 000×5+5 000÷40%×5＝262 500（元）

10.【答案】D

【解析】［18 000 000+（23 400+5 850）÷（1+17%）］×5%＝901 250（元）

11.【答案】B

【解析】应纳资源税＝300×10+40÷20%×2＝3 400（万元）

12.【答案】C

13.【答案】C

14.【答案】C

【解析】应纳资源税＝（20+3）×6 000×5%+600×2×5%＝6 900+60＝6 960（万元）

15.【答案】C

16.【答案】D

17.【答案】D

【解析】应纳资源税＝3 000×10−2 000×2＝30 000−4 000＝26 000（元）

＝2.6（万元）

应纳增值税＝200×17%−105.3÷（1+17%）×17%＝34−15.3＝18.7（万元）

合计缴纳资源税和增值税＝2.6+18.7＝21.3（万元）

18.【答案】B

【解析】人民团体自用的办公楼免征城镇土地使用税，对外出租的办公楼要照章征税。该人民团体应缴纳的城镇土地使用税＝1 000×15×9÷12＝11 250（元）

19.【答案】C

【解析】对林业系统所属林区的育林地、运材道、防火道、防火设施用地，免征城镇土地使用税。

该林场全年应缴纳城镇土地使用税＝（0.4+0.6）×1.5＝1.5（万元）

20.【答案】D

【解析】对企业厂区外的公共绿化用地和向社会开放的公园用地，暂免征收城镇土地使用税；对企业厂区以内的绿化地带，没有免税的规定，应缴纳城镇土地使用税。

21.【答案】C

22.【答案】B

23.【答案】C

【解析】与转让房地产有关的税金是指在转让房地产时缴纳的营业税、城市维护建设税、印花税。因转让房地产缴纳的教育费附加，也可视同税金予以扣除。需要明确的是，房地产开发企业在转让时缴纳的印花税因列入管理费用中，故在此不允许单独再扣除。

24.【答案】D

【解析】（1）扣除项目金额合计＝2 000+1 000+100+（2 000+1 000）×5%+（2 000+1 000）×20%+275＝4 125（万元）

（2）增值额＝5 000−4 125＝875（万元）

（3）增值率＝875÷4 125×100%＝21.21%，适用税率为30%

（4）应纳土地增值税＝875×30%＝262.5（万元）

二、多项选择题

1.【答案】BCD

【解析】资源税包含原油、天然气、煤炭、黑色金属矿原矿、有色金属矿原矿、其他金属矿原矿、盐七个税目

2.【答案】ABCD

3.【答案】ABC

【解析】资源税包含原油、天然气、煤炭、黑色金属矿原矿、有色金属矿原矿、其他金属矿原矿、盐七个税目，森林不属于资源税应税资源。

4.【答案】AD

5.【答案】BCD

6.【答案】AD

【解析】纳税人采取预收货款结算方式销售应税产品的，其纳税义务发生时间为发出应税产品的当天；纳税人采取分期收款结算方式销售应税产品的，其纳税义务发生时间为销售合同规定的收款日期的当天。

7.【答案】AB

【解析】个人所有的居住房屋及院落用地和个人办的各类学校用地属于由省、自治区、直辖市地方税务局确定减免城镇土地使用税的优惠，不属于法定免税的优惠。

8.【答案】AB

【解析】纳税人新征用的耕地，自批准征用之日起满 1 年时开始缴纳城镇土地使用税；纳税人新征用的非耕地，自批准征用次月起缴纳城镇土地使用税。

9.【答案】ABC

【解析】耕地占用税的征税范围包括纳税人为建房或从事其他非农业建设而占用的国家所有和集体所有的耕地。

10.【答案】ABCD

【解析】军事设施占用耕地，学校、幼儿园、养老院与医院占用耕地都免征耕地占用税。

三、计算题

1.【答案】解：

这里用的是非百分比形式的选矿比，体现 1 吨精矿由多少吨原矿选出。

应纳资源税＝（30 000+5 000×2.2）×1.3＝41 000×1.3＝53 300（元）

2.【答案】解：

（1）收入总额＝1 800（万元）

（2）扣除项目金额计算如下：

支付地价款＝200（万元）

支付开发成本＝400（万元）

计提费用＝（200+400）×10%＝60（万元）

扣除税金=1 800×5%×（1+7%+3%）=99（万元）

加计扣除费用=（200+400）×20%=120（万元）

扣除费用总额=200+400+60+99+120=879（万元）

（3）增值额=1 800-879=921（万元）

（4）增值比率=921÷879=105%（因此，适用三档税率）

（5）应纳税额=921×50%-879×15%=328.65（万元）

3.【答案】解：

土地使用权费=800（万元）

开发成本=1 000（万元）

开发费用=［30+1 800×5%］=120（万元）

税金=770（万元）

扣除金额=1 800+［30+1 800×5%］+770=2 690（万元）

该企业土地增值税允许扣除的金额是2 690万元。

4.【答案】解：

（1）收入总额=400（万元）

（2）扣除项目金额计算如下：

①评估价格=重置成本价×成新度折扣率=600×40%=240（万元）

②取得土地使用权所支付的地价款和按国家统一规定缴纳的有关费用为0 。

③转让环节缴纳的税金=22.2（万元）

汇集扣除项目金额=240+22.2=262.2（万元）

（3）增值额=400-240-22.2=137.8（万元）

（4）计算增值率=增值额÷扣除项目金额×100%=（400-262.2）÷262.2=52.55%

（5）依据增值率确定适用税率，因此适用二档税率。

（6）依据适用税率计算应纳税额如下：

应纳税额=增值额×适用税率-扣除项目金额×速算扣除系数

=（400-262.2）×40%-262.2×5%=42.01（万元）

5.【答案】解：

（1）尚未核发出土地使用证书的，应由纳税人申报土地面积，据以纳税，等到核发土地使用证以后再作调整。

（2）经济落后地区，城镇土地使用税的适用税额标准可适当降低，但降低额不得超过上述规定最低税额标准的30%。

当地年固定税额=0.9×（1-30%）=0.63（元/平方米）

（3）土地使用税的计算和补税的计算。

应补交城镇土地使用税=（2 000-1 500）×0.63=315（元）

6.【答案】解：

（1）房地产开发公司可扣除的房地产开发成本=80+100+480=660（万元）

（2）房地产开发公司可扣除的房地产开发费用=（420+15+660）×9%

=98.55（万元）

（3）房地产开发公司可扣除的与转让房地产有关的税金＝2 000×5%×（1+7%+3%）
＝110（万元）

（4）房地产开发公司扣除项目金额合计＝420＋15＋660＋98.55＋110＋（420＋15＋660）×20%＝1 522.55（万元）

土地增值额＝2 000－1 522.55＝477.45（万元）

（5）房地产开发公司应缴纳的土地增值税计算如下：

增值率＝477.45÷1 522.55×100%＝31.36%（适用税率30%）

应纳土地增值税＝477.45×30%＝143.24（万元）

（6）工业企业应缴纳的营业税、城建税及教育费附加合计＝（500－460）×5%×（1+7%+3%）＝2.2（万元）

（7）工业企业应缴纳土地增值税计算如下：

扣除项目金额合计＝460+500×0.5‰+2.2＝462.45（万元）

土地增值额＝500－462.45＝37.55（万元）

增值率＝37.55÷462.45×100%＝8.12%（适用税率30%）

应纳土地增值税＝37.55×30%＝11.27（万元）

第九章　财产、行为等其他税法习题参考答案

第一节　房产税习题参考答案

一、单项选择题

1.【答案】D

【解析】房产税是以房屋为征税对象，按照房屋的计税余值或租金收入，向产权所有人征收的一种财产税。

2.【答案】D

【解析】房产税的征税范围不包括农村。

3.【答案】A

【解析】个人所有非营业用的房产免征房产税。

出租应纳房产税＝1 200×4%×6＝288（元）

二、多项选择题

1.【答案】ABC

【解析】个人所有非营业用的房产免征房产税。宗教寺庙、公园、名胜古迹自用的房产免征房产税，出租不免。国家机关、人民团体、军队自用的房产免征房产税。由国家财政部门拨付事业经费的单位，本身业务范围内使用的房产免征房产税。

2.【答案】AD

【解析】产权属集体和个人所有的，由集体单位和个人纳税。产权出典的，由承典人纳税。产权所有人不在房屋所在地的，由房产代管人或者使用人纳税。产权未确定及租典纠纷未解决的，亦由房产代管人或者使用人纳税。

3.【答案】BCD

【解析】一种是按房产原值一次减除10%~30%后的余值计征的，税率为1.2%；另一种是按房产出租的租金收入计征的，税率为12%。从2008年3月1日起，对个人出租住房，不区分用途，按4%的税率征收房产税。

三、判断题

1.【答案】×

【解析】房产原值应包括与房屋不可分割的各种附属设备或一般不单独计算价值的配套设施，主要有：暖气、卫生、通风、照明、煤气等设备；各种管线，如蒸汽、压缩空气、石油、给水排水等管道及电力、电信、电缆导线；电梯、升降机、过道、晒台等。属于房屋附属设备的水管、下水道、暖气管、煤气管等应从最近的探视井或三通管起，计算原值；电灯网、照明线从进线盒连接管起，计算原值。

2.【答案】×

【解析】王某当年应缴纳房产税 = 3 000×4% = 120（元）

3.【答案】√

4.【答案】×

【解析】个人所有非营业用的房产免征房产税。

四、计算题

【答案】解：

经营自用的房产应缴纳的房产税 = 1 200×（1-20%）×1.2%÷12×4+1 000×（1-20%）×1.2%÷12×8 = 10.24（万元）

出租房产应缴纳的房产税 = 10×4×12% = 4.8（万元）

2011 年应纳房产税 = 10.24+4.8 = 15.04（万元）

第二节　车船税习题参考答案

一、单项选择题

1.【答案】C

2.【答案】B

3.【答案】D

【解析】车船税的纳税地点为车船的登记地或者车船税扣缴义务人所在地。

二、多项选择题

1.【答案】BCD

2.【答案】AD

3.【答案】AB

三、判断题

1.【答案】×

2.【答案】√

四、计算题

1.【答案】解：

2 马力 = 1 吨，拖船按照船舶税额的 50% 计算。

该公司当年应纳车船税 = 10×1 500×4+2×500×50%×4×50%+4×2 000×4×5÷12

= 74 333.33（元）

2.【答案】解：

（1）载货汽车应纳税额 = 15×10×80 = 12 000（元）

（2）乘人汽车应纳税额 = 20×500+10×400 = 14 000（元）

全年应纳车船税 = 12 000+14 000 = 26 000（元）

第三节　车辆购置税习题参考答案

一、单项选择题

1.【答案】A

【解析】车辆购置税实行统一比例税率，税率为 10%。

2.【答案】D

【解析】纳税人自产、受赠、获奖和以其他方式取得并自用的应税车辆的计税依据，凡不能或不能准确提供车辆价格的，由主管税务机关依国家税务总局核定的、相应类型的应税车辆的最低计税价格确定。

3.【答案】C

【解析】纳税人购买自用的应税车辆，自购买之日起 60 日内申报纳税；进口自用的应税车辆，应当自进口之日起 60 日内申报纳税；自产、受赠、获奖和以其他方式取得并自用的应税车辆，应当自取得之日起 60 日内申报纳税。

二、多项选择题

1.【答案】ABCD

【解析】外国驻华使馆、领事馆和国际组织驻华机构及其外交人员自用车辆免税；设有固定装置的非运输车辆免税；防汛部门和森林消防部门用于指挥、检查、调度、防汛（警）、联络的设有固定装置的指定型号的车辆免税；回国服务的留学人员用现汇购买 1 辆自用国产小汽车免税。

2.【答案】ABC

【解析】车辆购置税以列举的车辆作为征税对象，未列举的车辆不纳税。其征税范围包括汽车、摩托车、电车、挂车、农用运输车。

3.【答案】ABC

【解析】纳税人购买自用的应税车辆的计税依据为纳税人购买应税车辆而支付给销售方的全部价款和价外费用（不含增值税）。

纳税人进口自用的应税车辆以组成计税价格为计税依据，组成计税价格的计算公式如下：

组成计税价格=关税完税价格+关税+消费税

纳税人自产、受赠、获奖和以其他方式取得并自用的应税车辆的计税依据，凡不能或不能准确提供车辆价格的，由主管税务机关依国家税务总局核定的、相应类型的应税车辆的最低计税价格确定。

4.【答案】ABD

【解析】计税依据为纳税人购买应税车辆而支付给销售方的全部价款和价外费用（不含增值税）。纳税人进口自用的应税车辆以组成计税价格为计税依据，组成计税价格的计算公式如下：

组成计税价格=关税完税价格+关税+消费税

三、判断题

1.【答案】×

【解析】车辆购置税的纳税人是指在我国境内购置应税车辆的单位和个人。

2.【答案】√

3.【答案】√

4.【答案】×

【解析】车辆购置税的纳税人是指在我国境内购置应税车辆的单位和个人。进口使用行为属于车辆购置税的应税行为。

5.【答案】×

【解析】车辆购置税减免税规定内车辆无需缴纳购置税。

6.【答案】×

【解析】车辆购置税实行一车一申报制度。纳税人在办理纳税申报时应如实填写《车辆购置税纳税申报表》，同时提供车主身份证明、车辆价格证明、车辆合格证明及税务机关要求提供的其他资料的原件和复印件。免税车辆在完税证明免税栏加盖车购税征税专用章。

四、计算题

1.【答案】解：

计税价格=175 500÷（1+17%）=150 000（元）

应纳税额=150 000×10%=15 000（元）

2.【答案】解：

计税价格=215 000+60 200+68 800=344 000（元）

应纳税额=344 000×10%×3=103 200（元）

3.【答案】解：

应纳税额=40 000×10%=4 000（元）

第四节　契税法习题参考答案

一、单项选择题

1.【答案】A

【解析】契税是以中华人民共和国境内转移土地、房屋权属为征税对象，向产权承受人征收的一种财产税。

2.【答案】A

【解析】契税的征税对象包括以下五项内容：国有土地使用权出让、土地使用权的转让、房屋买卖、房屋赠与、房屋交换，其中房屋交换价格相等时，免征契税；交换价格不等时，由多交付的货币、实物、无形资产或者其他经济利益的一方缴纳契税。

3.【答案】A

【解析】王某应纳契税=（65-40）×4%=1（万元）

4.【答案】A

【解析】国家机关、事业单位、社会团体、军事单位承受土地、房屋用于办公、教学、医疗、科研和军事设施的，免征契税。

5.【答案】C

【解析】纳税人应当自纳税义务发生之日起 10 日内，向土地、房屋所在地的契税征收机关办理纳税申报，并在契税征收机关核定的期限内缴纳税款。

6.【答案】B

【解析】应纳契税=（800-500）×3%=9（万元）

7.【答案】D

【解析】以划拨方式取得土地使用权，经批准转让房地产时，由房地产转让者补交契税。成交价格明显低于市场价格并且无正当理由的，或者所交换土地使用权、房屋的价格的差额明显不合理并且无正当理由的，征收机关可以参照市场价格核定计税依据。

二、多项选择题

1.【答案】ABCD

【解析】契税的征税对象包括以下五项内容：国有土地使用权出让；土地使用权的转让；房屋买卖（以下几种特殊情况，视同买卖房屋：以房产抵债或实物交换房屋，以房产作投资或作股权转让，买房拆料或翻建新房，均应照章征收契税）；房屋赠与；房屋交换。

2.【答案】ABCD

【解析】契税的纳税义务人是境内转移土地、房屋权属，承受的单位和个人。单位是指企业单位、事业单位、国家机关、军事单位和社会团体以及其他组织。个人是指个体经营者及其他个人，包括中国公民和外籍人员。

3.【答案】AB

【解析】城镇职工按规定第一次购买公有住房，免征契税。国家机关、事业单位、社会团体、军事单位承受土地、房屋用于办公、教学、医疗、科研和军事设施的，免征契税。

4.【答案】BCD

【解析】承受荒山、荒沟、荒丘、荒滩土地使用权，并用于农、林、牧、渔业生产的，免征契税。

5.【答案】ABC

【解析】有些特殊方式转移土地、房屋权属的，也将视同土地使用权转让、房屋买卖或者房屋赠与。一是以土地、房屋权属作价投资、入股；二是以土地、房屋权属抵债；三是以获奖方式承受土地、房屋权属；四是以预购方式或者预付集资建房款方式承受土地、房屋权属。

6.【答案】BD

【解析】城镇职工按规定第一次购买公有住房，免征契税。

契税的纳税义务人包括中国公民和外籍人员。

7.【答案】BCD

【解析】国有土地使用权出让、土地使用权出售、房屋买卖，以成交价格为计税依据。

三、判断题

1.【答案】×

【解析】契税的纳税义务人是境内转移土地、房屋权属，承受的单位和个人。单位是指企业单位、事业单位、国家机关、军事单位和社会团体以及其他组织。个人是指个体经营者及其他个人，包括中国公民和外籍人员。

2.【答案】×

【解析】交换价格相等时，免征契税；交换价格不等时，由多交付的货币、实物、无形资产或者其他经济利益的一方缴纳契税。

3.【答案】×

【解析】以划拨方式取得土地使用权，经批准转让房地产时，由房地产转让者补交契税.

4.【答案】√

5.【答案】√

6.【答案】√

7.【答案】√

8.【答案】×

【解析】契税实行3%~5%的幅度比例税率。

四、计算题

【答案】解:

甲不应纳契税。以自有房产折股投入本人独资经营企业，免纳契税。

乙应纳税额=1 000 000×3%=30 000（元）

丙应纳税额=120 000×3%=3 600（元）

第五节　印花税习题参考答案

一、单项选择题

1.【答案】B

【解析】印花税是以经济活动和经济交往中，书立、领受应税凭证的行为为征税对象征收的一种税。

2.【答案】C

【解析】权利、许可证照包括政府部门发给的房屋产权证、工商营业执照、商标注册证、专利证、土地使用证。

3.【答案】A

【解析】应纳印花税 500 000×1‰=500（元）

4.【答案】A

【解析】适用0.5‰税率的为“加工承揽合同”、“建筑工程勘察设计合同”、“货物运输合同”、“产权转移书据”、“营业账簿”税目中记载资金的账簿。

二、多项选择题

1.【答案】AB

【解析】房屋产权证、工商营业执照、商标注册证、专利证、土地使用证。

2.【答案】AC

【解析】记载资金的账簿。按实收资本和资本公积的合计金额5‰贴花，其他账簿按件贴花5元。

3.【答案】AD

【解析】无息、贴息贷款合同免税。国家指定的收购部门与村民委员会、农民个人书立的农副产品收购合同免税。对外国政府或者国际金融组织向我国政府及国家金融机构提供优惠贷款所书立的合同免税。对已缴纳印花税凭证的副本或者抄本免税。

4.【答案】AC

【解析】包括财产所有权和版权、商标专用权、专利权、专有技术使用权等转移书据、土地使用权出让合同、土地使用权转让合同、商品房销售合同属于我国印花税产权转让书据征收范围。

5.【答案】AD

【解析】印花税的税率有两种形式，即比例税率和定额税率。

三、判断题

1.【答案】×

【解析】对无息、贴息贷款合同免税。

2.【答案】×

【解析】自行计算应纳税额，自行购买印花税票，自行一次贴足印花税票并加以注销或划销，纳税义务才算全部履行完毕。

3.【答案】√

4.【答案】√

5.【答案】×

【解析】记载资金的账簿按实收资本和资本公积的合计金额5‰贴花。其他账簿按件贴花5元。

6.【答案】×

【解析】货物运输合同的计税依据为取得的运输费金额（即运费收入），不包括所运货物的金额、装卸费和保险费等。

四、计算题

1.【答案】解：

（1）企业领受权利、许可证照应纳税额＝3×5＝15（元）

（2）企业订立产权转移书据应纳税额＝1 000 000×0. 5‰＝500（元）

（3）企业订立产品购销合同应纳税额＝2 000 000×0. 3‰＝600（元）

（4）企业订立借款合同应纳税额＝4 000 000×0. 05‰＝200（元）

（5）企业记载资金的账簿应纳税额＝8 000 000×0. 5‰＝4 000（元）

（6）企业其他营业账簿应纳税额＝10×5＝50（元）

（7）2013年企业应纳印花税税额＝15+500+600+200+4 000+50＝5 365（元）

2.【答案】解：

（1）融资租赁合同应纳印花税＝1 000 000×3×0. 05‰＝150（元）

（2）货物运输合同应纳印花税＝（650 000−50 000−100 000）×0. 05‰＝250（元）

（3）先预贴花5元，结算时再补贴。

（4）保险合同应纳印花税＝4 000×50×1‰＝200（元）

当月应纳印花税＝150+250+5+200＝605（元）

第七节　城市维护建设税法与教育费附加习题参考答案

一、单项选择题

1.【答案】C

【解析】自2010年12月1日起，对外商投资企业、外国企业及外籍个人（以下简称外资企业）征收城市维护建设税。自2010年12月1日起，对外商投资企业、外国企业及外籍个人（以下简称外资企业）征收教育费附加。

2.【答案】A

【解析】城建税以纳税人实际缴纳的增值税、消费税、营业税税额为计税依据，私营企业销售货物需要缴纳增值税。

3.【答案】B

【解析】对流动经营等无固定纳税地点的单位和个人，应随同“三税”在经营地按适用税率缴纳。城建税原则上不单独减免，但因城建税又具附加税性质，当主税发生减免时，城建税相应发生税收减免。

4.【答案】D

【解析】海关对进口产品代征的增值税、消费税，不征收城建税。

出口产品退还增值税、消费税的，不退还已缴纳的城建税。

5.【答案】D

【解析】城建税的计税依据是指纳税人实际缴纳的“三税”税额。纳税人违反“三税”有关税法而加收的滞纳金和罚款不作为城建税的计税依据。

二、多项选择题

1.【答案】ABD

【解析】纳税人所在地为市区的，税率为7%；纳税人所在地为县城、镇的，税率为5%；纳税人所在地不在市区、县城或者镇的，税率为1%。

2.【答案】CD

海关对进口产品代征的增值税、消费税，不征收城建税。

出口产品退还增值税、消费税的，不退还已缴纳的城建税

对“三税”实行先征后返、先征后退、即征即退办法的，除另有规定外，对随“三税”附征的城市维护建设税和教育费附加，一律不退（返）还。

纳税人缴纳“三税”的地点，就是该纳税人缴纳城建税的地点。

三、判断题

1.【答案】√

2.【答案】×

【解析】由受托方代扣代缴、代收代缴“三税”的单位和个人，其代扣代缴、代收代缴的城建税按受托方所在地适用税率执行。

3.【答案】×

【解析】加收的滞纳金和罚款不作为城建税的计税依据。

4.【答案】×

【解析】海关对进口产品代征的增值税、消费税，不征收城建税。出口产品退还增值税、消费税的，不退还已缴纳的城建税。

5.【答案】×

【解析】海关对进口产品代征的增值税、消费税，不征收城建税。

四、计算题

1.【答案】解：

应缴纳的城建税 =（15 000+8 000+500）×7% = 1 645（元）

2.【答案】解：

该企业当期应纳的城建税和教育费附加 = ［70 000÷（1+3%）×3%+10 000×5%］×（5%+3%）= 203.1（元）

第十章　税收征收管理法习题参考答案

一、单项选择题

1.【答案】C

【解析】因为《税收征管法》是一部规范税务机关征收管理行为以及纳税人纳税行为的法律，而关税是由海关代征，所以关税的征收管理依照海关的有关规定执行，不适用于《税收征管法》。

2.【答案】C

【解析】账簿、记账凭证、报表、完税凭证、发票、出口凭证以及其他有关涉税资料的保管期限，根据《税收征管法实施细则》第二十九条的规定，除另有规定者外，应当保存10年。

3.【答案】B

【解析】凡从事生产、经营的纳税人必须将所采用的财务、会计制度和具体的财务、会计处理办法，按税务机关的规定，自领取税务登记证件之日起15日内，及时报送主管税务机关备案。

4.【答案】B

【解析】纳税人不能按期申报纳税，扣缴义务人不能按期报送代扣代缴税款报告的，经税务机关核准，可以延期申报。

5.【答案】B

【解析】因纳税人、扣缴义务人计算等失误，未缴或者少缴税款的，税务机关在3年内可以追征税款、滞纳金；有特殊情况的追征期可以延长到5年。

6.【答案】C

【解析】纳税人因有特殊困难，不能按期缴纳税款的，经省、自治区、直辖市国家税务局、地方税务局批准，可以延期缴纳税款，但最长不得超过3个月。

7.【答案】B

【解析】从滞纳税款之日起，按日加收滞纳税款万分之五的滞纳金。

8.【答案】D

【解析】以暴力、威胁方法拒不缴纳税款的，是抗税，除由税务机关追缴其拒缴的税款、滞纳金外，依法追究刑事责任。情节轻微，未构成犯罪的，由税务机关追缴其拒缴的税款、滞纳金，并处拒缴税款1倍以上5倍以下的罚款。

9.【答案】B

【解析】从事生产、经营的纳税人应当自领取营业执照或者发生纳税义务之日起15日内设置账簿。

10.【答案】B

【解析】扣缴义务人应当自税收法律、行政法规规定的扣缴义务发生之日起10日内，按照所代扣、代收的税种，分别设置代扣代缴、代收代缴税款账簿。

11.【答案】D

【解析】纳税人因经营期限届满而自动解散属于注销税务登记的适用范围。

12.【答案】B

【解析】税务机关可以采取下列税收保全措施：书面通知纳税人开户银行或者其他金融机构冻结纳税人的金额相当于应纳税款的存款。扣押、查封纳税人的价值相当于应纳税款的商品、货物或者其他财产。其他财产包括纳税人的房地产、现金、有价证券等不动产和动产。

二、多项选择题

1.【答案】ABC

【解析】纳税人有下列行为之一的，由税务机关责令限期改正，可以处2 000元以下的罚款；情节严重的，处2 000元以上10 000元以下的罚款：未按照规定的期限申报办理税务登记、变更或者注销登记的；未按照规定设置、保管账簿或者保管记账凭证和有关资料的，未按照规定将财务、会计制度或者财务、会计处理办法和会计核算软件报送税务机关备查的；未按照规定将其全部银行账号向税务机关报告的；未按照规定安装、使用税控装置，或者损毁或擅自改动税控装置的；纳税人未按照规定办理税务登记证件验证或者换证手续的。

2.【答案】AB

【解析】特殊困难的主要内容包括：因不可抗力，导致纳税人发生较大损失，正常生产经营活动受到较大影响的；当期货币资金在扣除应付职工工资、社会保险费后，不足以缴纳税款的。

3.【答案】ABCD

【解析】税款征收的方式主要有：查账征收、查定征收、查验征收、定期定额征收、委托代征税款、邮寄纳税、其他方式。

4.【答案】AD

5.【答案】ABCD

【解析】纳税申报的形式主要有直接申报、邮寄申报、数据电文、简并征期。

6.【答案】BCD

【解析】税务检查与税务管理、税款征收共同构成了税收征收管理法律制度中的三个重要的环节。

7.【答案】ABCD

【解析】如发生下列情形之一，应当办理变更税务登记：发生改变名称、改变法定代表人、改变经济性质或经济类型、改变住所和经营地点（不涉及主管税务机关变动的）、改变生产经营或经营方式、增减注册资金（资本）、改变隶属关系、改变生产经营期限、改变或增减银行账号、改变生产经营权属以及改变其他税务登记内容。

8.【答案】ABCD

【解析】纳税人办理下列事项时，必须持有税务登记证件：开立银行账户；申请减税、免税、退税；申请办理延期申报、延期缴纳税款；领购发票；申请开具外出经营活动税收管理证明；办理停业、歇业；其他有关税务事项。

9.【答案】ABCD

【解析】税务检查的形式有：重点检查、分类计划检查、集中性检查、临时性检查、专项检查。

10.【答案】ABCD

【解析】税务检查的方法有：全查法、抽查法、顺查法、逆查法、现场检查法、调账检查法、比较分析法、控制计算法、审阅法、核对法、观察法、外调法、盘存法、交叉稽核法。

11.【答案】ABCD

【解析】税务登记的内容包括：开业税务登记；变更税务登记；注销税务登记；停业、复业登记。

12.【答案】AD

【解析】税收强制执行的适用范围仅限于未按照规定的期限缴纳或者解缴税款，经责令限期缴纳，逾期仍未缴纳的从事生产、经营的纳税人。扣缴义务人、纳税担保人不适用。

三、判断题

1.【答案】×

【解析】除税务机关、税务人员以及经税务机关依照法律、行政法规委托的单位和个人外，任何单位和个人不得进行税款征收活动。

2.【答案】√

3.【答案】×

【解析】地方各级人民政府、各级人民政府主管部门、单位和个人违反法律、行政法规规定，擅自做出的减税、免税决定无效，税务机关不得执行，并向上级税务机关报告。

4.【答案】√

5.【答案】√

6.【答案】√

7.【答案】×

【解析】欠缴税款数额在 5 万元以上的纳税人，在处分其不动产或者大额资产之前，应当向税务机关报告。

8.【答案】×

【解析】因纳税人、扣缴义务人计算等失误，未缴或者少缴税款的，税务机关在 3 年内可以追征税款、滞纳金；有特殊情况的追征期可以延长到 5 年。

9.【答案】×

【解析】扣缴义务人未按照规定设置、保管代扣代缴、代收代缴税款账簿或者保管代扣代缴、代收代缴税款记账凭证及有关资料的，由税务机关责令限期改正，可以处 2 000 元以下的罚款；情节严重的，处 2 000 元以上 5 000 元以下的罚款。

10.【答案】×

【解析】纳税人、扣缴义务人编造虚假计税依据的，由税务机关责令限期改正，并处 5 万元以下的罚款。

四、案例分析

1.【答案】D

【解析】纳税人伪造、变造、隐匿、擅自销毁账簿、记账凭证，或者在账簿上多列支出或者不列、少列收入，或者经税务机关通知申报而拒不申报或者进行虚假的纳税申报，不缴或者少缴应纳税款的，是偷税。

2.【答案】ABC

【解析】税务人员进行税务检查时，应当出示税务检查证和税务检查通知书；无税务检查证和税务检查通知书的，纳税人、扣缴义务人及其他当事人有权拒绝检查。税务机关对集贸市场及集中经营业户进行检查时，可以使用统一的税务检查通知书。应当至少两人实施税务检查

3.【答案】BC

【解析】税务机关有根据认为从事生产、经营的纳税人有逃避纳税义务行为的，可以在规定的纳税期之前，责令限期缴纳税款；在限期内发现纳税人有明显的转移、隐匿其应纳税的商品、货物以及其他财产迹象的，税务机关应责令其提供纳税担保。如果纳税人不能提供纳税担保，经县以上税务局（分局）局长批准，税务机关可以采取下列税收保全措施。

4.【答案】ABD

【解析】采取税收强制执行措施时，对纳税人、扣缴义务人、纳税担保人未缴纳的滞纳金必须同时强制执行。税务机关可对纳税担保人的担保财产强制执行；税务机关可自己执行，也可以申请人民法院执行。